国家出版基金项目
NATIONAL PUBLICATION FOUNDATION

中國國際貿易小史

侯厚培◎著

山西出版傳媒集團
山西人民出版社

圖書在版編目(CIP)數據

中國國際貿易小史 / 侯厚培著. -太原： 山西人民出版社，2014.12
(近代名家散佚學術著作叢刊 / 許嘉璐主編)
ISBN 978-7-203-08867-7

Ⅰ. ①中… Ⅱ. ①侯… Ⅲ. ①國際貿易－商業史－中國 Ⅳ. ①F752.9

中國版本圖書館 CIP 數據核字(2014)第 289911 號

中國國際貿易小史

主　　編　許嘉璐
著　　者　侯厚培
責任編輯　馮靈芝

出 版 者　山西出版傳媒集團·山西人民出版社
地　　址　太原市建設南路 21 號
郵　　編　030012
發行營銷　0351－4922220　4955996　4956039
　　　　　0351－4922127(傳真)　4956038(郵購)
E－mail　sxskcb@163.com　發行部
　　　　　sxskcb@126.com　總編室
網　　址　www.sxskcb.com

經 銷 者　山西出版傳媒集團·山西人民出版社
承 印 廠　山西出版傳媒集團·山西人民印刷有限責任公司

開　　本　700mm×970mm　1/16
印　　張　7.25
字　　數　60千字
印　　數　1—3000冊
版　　次　2014年12月　第1版
印　　次　2014年12月　第1次印刷
書　　號　ISBN 978-7-203-08867-7
定　　價　16.00圓

《近代名家散佚學術著作叢刊》編委會

出版說明

近代名家散佚學術著作叢刊選取一九四九年以後未再刊行之近代名家學術著作共一百二十册，編例如次：

一、本叢書遴選之著作在相關學術領域具有一定的代表性，在學術研究方向、方法上獨具特色。

二、爲避免重新排印時出錯，本叢書原本原貌影印出版。影印之底本皆經專家組審定，原書字體大小，排版格式均未做大的改變，原書之序言、附注皆予保留。

三、本叢書分爲八大類，以作者生卒年編次。

四、爲使叢書體例一致，本叢書前言後記均采用繁體字排版。

五、個別頁碼較少的版本，爲方便裝幀和閱讀，進行了合訂。

六、少數學術著作原書内容有個別破損之處，編者以不改變版本内容爲前提，部分進行修補，難以修復之處保留缺損原狀。

七、原版書中個別錯訛之處，皆照原樣影印，未做修改。

八、所選版本之抽印本頁碼標注，起始至所終頁碼均照原樣影印，未重新編排標注新頁碼。

由於叢書規模較大，不足之處，殷切期待方家指正。

總序／

披沙瀝金，以爲鏡鑒

◇許嘉璐

多年來有一個問題始終在我腦中盤桓：爲什麼在十九世紀末到二十世紀初，在短短的幾十年裏，中國的各個學術領域竟涌現了那麽多大師級的人物？這是中國近代史上一個極爲重要的現象，我認爲，如果不能給出令人滿意的答案，我們撰寫的近代學術史將是不完整的，甚至是缺乏靈魂的。後來我知道，著名人類學家克羅伯曾提出過一個問題：爲什麽天才成群地來？看來這種現象的出現並非中國所獨有，思考其所以然的也大有人在。而在那一次世紀之交中國的情況，似乎應驗了「天才成群地來」這個令克氏久久不解的疑問。錢學森先生曾從相反的方向提出了相同的疑問：爲什麽我們這個時代出現不了杰出人才？後來人們稱這個問題爲「錢學森之謎」。

要回答這些疑問不是件容易的事。與其迅速地囫圇地探尋，不如先多了解那些讓中國近代學術（應該包括人文科學和自然科學）史上閃耀着光輝的大師們的作品和自述，從而在腦海里盡量「復原」他們所處的環境和在那種環境下的心理路徑，從中或許可以得到一些啓示。

有一點是顯然的，這就是他們雖然都已遠離塵世而去，但是他們獨立思考的品性、求知治學的真誠、困厄窮愁中對節操的堅守，恐怕是他們共同的主觀因素，一直影響到現在，而且將會永遠留存下去。

就思想界、學術界而言，二十世紀上半葉是一個新説和舊説碰撞，中學和西學融匯的大時代。那時的學人極爲重視言行操守，同時具備現代知識分子的理想信念；他們的學術研究十分純净，絶少功利因素；他們的視界開闊，以包容的心態和嚴謹的風格造就了成果的大氣與厚重。至於在客觀因素一面，他們實際是在用工業化時代的事實解説着太史公所説的名山之作「大抵聖賢發憤之所爲作」，困厄苦難使得他們「皆意有所鬱結」。這種鬱結，幾乎和個人的名利毫無牽涉，他們永遠不能釋懷的，是民族的存亡、國運的興衰、民衆的福禍和文脈的續斷。

那個時代也是近代歷史上最大規模的中西古今學術調適、創新的時期，學術方法上的交互滲透和融合、創新亦可謂「於斯爲盛」。斯時之學人是要在封閉的屋墻上鑿出窗子的勇士，是使人能够看看外部世界的第一批導夫先路者；或者可以説，他們是在「意有所鬱結」時「彷徨」和「吶喊」的「狂人」。

相對於那時的哲人們，後來者是幸運兒。現在的形勢是，近三十年來學界空前繁榮，衆多學科有了長足之進，其中很重要的一點是學界有了更新穎、更廣闊的國際視野，似乎接續上了百年前的學壇盛事。但細想想，「古」與「今」還是有差别的。其異，主要不在於世界情勢、學術進展、工具改善這些客觀存在，而在於在廣泛吸收各國優長的同時，自身文化的主體性越來越受到重視，換言之，「拿來主義」已經延長了「拿來」的程序，加上了試用、甄别、篩選、吸收、融合、成長。就我孤陋所見，在當今地球上，面向所有異質文明，努力汲取我之所缺，其範圍之大和心態之切，似乎無出中國之右者。從這個角度説，我們已經超越了前輩。但是事情還有另外一面，學術，特別是人文學科，其職業化、「沙龍化」和功利性，以及隨之而來的浮躁病却嚴重了。從這個角度説，是不是我們已經後退得够可以的了？而這是不是我們這個時代出不了大師的原因之一呢？

民國學術界的特點之一是極爲注重對傳統的反省、批判與繼承。他們對傳統文化盡最大的努力進行整理和研究。一方面，由於戰亂頻仍，民不聊生，學者們擔起了讓中華文化薪火相傳的歷史責任；另一方面，他們要通過對中國傳統文化的整理、挖掘來重振民族自信心。這一時期對傳統文化進行整理的全面而深入是前所未有的，舉凡文字學、語言學、經濟學、法學、哲學、政治制度、書法繪畫、金石學……規模之宏大，研究之精微，令人嘆爲觀止。

民國學術推動了現代學科體系的建立。在對傳統文化整理和研究的基礎上，吸收西方的文化思想和理念，推動和建立了中國現代學科體系。例如，在對語言文字和音韻學成果進行整理、研究的基礎上開始着手規範之，建立了國語學；深入研究書法、國畫，將其融入了現代美術學科；在廢除舊有學制後逐步建立起小、中、大學較完整的科目和學科體系。

民國學術也改變了傳統學術方式，建立了新的研究範式。以現代科學考古爲發端，科研的實踐和成果使中國知識界真正認識到在實驗、比較基礎上的邏輯分析對學術研究的重要，推進了中國學術的一大演變。至於我們常説的打破士大夫傳統、走出書齋到田野鄉村和市民中進行調查研究、結束了經學時代、以歷史眼光檢視儒學和諸子等等，都是確立新學術範式的努力。這一轉變，也標誌着中國學術界脱胎換骨，全面進入了現代，爲此後的學術發展奠定了堅實的基礎。當然，西方啓蒙運動以來，在「現代性」和「現代化」裏潛伏着的缺陷和謬誤也傳到了中國，這些不能不在前哲的著作裏留下痕迹。這並不奇怪。類似的情況，古往今來孰能免之？猶如今天的我們，誰敢自稱我之所見就是永恒的真理？在這個問題上兩個時代所異者，或許就在昔時大家創立新説或譯註西學著作，往往是懷着對學術和前哲的敬畏而爲之，故而常常誤不在我；當今則往往出於對學問和他人的輕蔑，或以所研究的對象爲謀己的工具，因而難辭主觀之咎吧。翻閱他們的心血之作，這些復雜的狀況可以顯見，可以視之爲我們的一面鏡子。

滄海桑田，世事變幻，歷史的動盪和時代的遮蔽，使當年許多大師的一些極有價值的學術著作被棄於故紙堆中，不能不令人有遺珠之憾。爲此，山西人民出版社不惜以數年之艱辛，披沙瀝金，編輯出版這套近代名家散佚學術著作叢刊，凡一百二十册，計文學、史學、政治與法律、美學與文藝理論、民族風俗、宗教與哲學、經濟、語言文獻共八大類别。所選皆爲作者之純學術著作，無論是其見解、精神，抑或是其時代烙印，都是後輩學人可資借鑒的寶貴財富。他們出版這套叢書，意在讓世人不忘來程，知篳路藍縷之不易，爲民族文化的傳承再增薪木。

出版社的初衷，與我近年來所思所慮近似，故願略述淺見於書端，以與策劃者、編輯者和讀者共勉。

二〇一四年七月六日
改定於自安東回京途中

前言／精神、历史与事实

◇樊綱

中國古代不乏有趣和重要的經濟思想，但是就形成知識體係的理論或「學説」而言，中國現代經濟學的發展是從嚴復一九〇一年引進翻譯出版英國人亞當·斯密的國富論（一七七六）（當時譯爲原富）開始的。就是説，是從學習西方開始的。也屬於一個落後國家學習與追趕發達國家過程的一個組成部分。

從原富出版（以至更早時期天演論的翻譯和出版），到辛亥革命前後至五四運動時期，中國應該説是發生了第一次思想解放的進程，也就是中國的啓蒙運動，學習研究西方發達國家的科學技術、政治社會理論和人文思想，進入了一個新的時期。在大約半個世紀的時間裏，「大師」成批地出現，進入了一個學術研究的繁榮時期。除了大量翻譯西方的著作，中國人自己的經濟學研究力量也逐步形成，並逐步運用現代的理論和方法，來研究中國的社會、中國的經濟，用現代方法進行的實地調查研究，也多有發生。雖然有連續不斷的內戰和抗日戰爭，學術研究却仍在繼續，陸續出版了許多專著和論文。我們這些在「文化大革命」後才進入學術領域的後人經常會好奇：那麽一個戰亂的時代，那些前輩怎麽還在做研究？怎麽還能做研究？每當看到一本那個時代出版的泛黄的「故紙」，一定是仰慕之情油然而生。

也許正是因爲戰亂，因爲當時的落後與貧窮，許多著作出版了，又散落了。有的没有得到應有的傳播，有的研究被打斷，無法産生大的影響。現在山西人民出版社將一些不大爲人所知和没有再印的散佚經濟學著作收集出版，既是拯救，也是發揚。用現在的眼光看，有的著作也許「淺顯」，但這些著作的價值和從中我們可以學到的，其實首先在於以下的一些東西：第一是精神，那種不求世俗功利，出自好奇心在亂世中探索真理的風骨；第二是歷史，我們中國人的思想史，我們現在學的這些東西是如何從外面舶來而在中國的土壤上生根和發展的；第三是事實，是那一輩學者在艱苦的環境下記録下來的當時和以往的事件與史料，這些已經不可復得，但卻是我們在研究近現代中國經濟發展的整個進程時不可或缺的。

一代人有一代人的使命，也有一代人的局限。翻閱古籍，令我們思考我們能爲這個國家、這個民族、這個世界留下哪些遺産，我們的後輩將如何評價我們？

二〇一四年八月二十一日寫於深圳

作者簡介

侯厚培，民國著名經濟學家，曾在國立中央研究院辦公處工作，和王國維是同事。侯厚培及他的兩弟，都是合作理論的重要研究者和介紹者。一九二〇年冬，由侯厚培、譚天愚等教授推動下發起，成立「湖南合作期成社」。該社以研究和提倡合作爲主旨，并制定了社章和宣言，對傳播西方合作思想，做了不少工作，後來由于社員離散而停頓。抗戰期間，于艱難困頓中完成了中國幣制改革問題（專著），概述了中國清末至抗戰前的幣制改革。主要著作有：中國貨幣制度之沿革、中國國際貿易小史、五口通商以前之中國國際貿易、信用合作ABC、六十五年來中國國際貿易統計等。

凡例

（一）本書述歷代對外貿易之歷史狀況，政策，及徵稅之情形，至五口通商時止。南京條約以後之國際貿易，爲另一時代，已有著作甚多，可供參考，本書所述，爲歷史上之沿革。

（一）市舶司，卽吾國古代之海關。抽分博買，卽古代之輸入稅。本書內第三章第四章，述之頗詳，亦可作吾國古代關稅史之參考。

（一）本書編輯時，取相互參證之法，蓋中國書籍，錯字常多，而同一事實，各書所載者，又彼此互異，非取各書精密考證，不足以明事實之眞相。如佛郎機，中籍書多謂爲法蘭西。元初之稅率，元史與元典章之所述略異，均非審愼取材不可，本書編時，對於此點，特爲愼重，以免因沿而誤。

（一）本書參考書頗多，其最重要者爲三通，二十四史，各省府志縣志，中西紀事，海國圖志，海錄，澳門紀略，東西洋考，粵海關志，唐六典，唐會要，元典章，廣東新語，四明談助等書，日本桑原隲藏之宋末提舉市舶蒲壽庚之事蹟，木宮泰彥之日支交通史及 Morse: International Relations of the Chinese Empire 內，亦取材不少。

（一）本書掛漏之處，尚希閱者有以教正。

民國十七年三月十日著者識。

中國國際貿易小史

目錄

中國國際貿易小史

第一章　中外通商之起源

第一節　歐人東漸以前之中外通商

中國與外夷通商，自漢初卽已有之。張騫使西域時，如米索博達米亞，帕米爾，小亞細亞等地，已散見中國之貨品。蓋邊境人民，往來交易，其源甚早。互市之制，始於文帝之時，與南粵通關市，㊀貿易地，爲長沙邊境。西南夷之與漢交通者，有夜郎、滇、邛都等國。北部貿易，以匈奴爲最多。㊁景帝時，與匈奴和親，互通關市。武帝時，厚遇通關市者，饒給之。以是商業頗盛，匈奴自單于以下，皆親漢，往來長城下，雖自王恢馬邑誘單于以後，與匈奴絕和親，爲患寇邊者，垂數十年。然通商之事，迄未停止也。㊂

西域在匈奴之西，烏孫之南，東西六千餘里，南北千餘里，東則接漢。阸以玉門陽關，（在敦煌西界）西則限以葱嶺，自張騫通西域各國以後，與漢之貿易漸盛。其中之最可注意者，即爲羅馬與中國之直接通商。羅馬，即西域之大秦，當紀元以前即已間接購得中國之貨品，以爲安息所阻未能來漢，直至桓帝延熹九年（西曆一六六）羅馬併吞安息以後，其王安敦，（羅馬十六代帝馬克阿留）始遣使自日南徼外來漢，（其時日南徼內均屬漢地）獻象牙、犀角、瑇瑁，㊃爲中國與西洋直接交通之起源，大西洋之名，聞於中國，亦濫觴於此。㊄自是以後，中國與羅馬之通商甚盛，垂亙四百餘年。

大秦以外，四夷各國之與漢互市者，東胡則有烏桓鮮卑，西域則有大宛天竺，以及其他五印度諸國，而以大宛爲善市賈，中國金銀之流入者頗多。㊅故其時東胡、西域方面貿易之盛，雲中道上，商賈車牛往來動輒以千餘計。㊆賈胡之來中土者，亦多隨地居留，深入內地。㊇自魏晉以降，西胡之貿易更盛，（前漢人謂葱嶺以東之國，爲西胡，後漢人謂葱嶺東西諸國，皆爲西胡。魏晉六朝，猶襲此名。㊈）如康國人，粟特人，多詣涼土販貨，大月氏人，商販京師，（洛陽）蓋在大食未興以前，東西貿易，悉操於此種胡人之手，（北史）吾國古代之陸地國際通商，以此爲最盛時代，大食勃興，陸地貿易，遂遠不及海路通商之盛矣。

隋唐兩代，握中國之貿易權者，爲大食（阿剌伯）與波斯兩國，胡商徧沿海及揚州各地，太平廣記，往往稱之。⑩貿易匯聚之地，以廣州爲最盛。如眞人元開撰唐大和上東征傳所載。廣州江中，有波羅門波斯崑崙等船，不知其數，並載香藥珍寶，又慧超往五天竺傳，謂波斯常於西海汎舶，亦汎舶漢地直至廣州，取綾絹絲綿之物，即其確證。波斯，即漢之安息，二國與華貿易之歷史，早在漢代，然在羅馬帝國勢力之下，尚未能特別發展。至紀元後第七世紀中葉，薩拉森帝國（即阿剌伯人）崛起於西南亞細亞時，羅馬在華之貿易，始爲阿拉伯人等取而代之矣。隨阿拉伯人勢力，以來中國貿易者，尚有回教人。⑪回教主默德那國王，謨罕驀德，曾於是時，遣其母舅番僧蘇哈白賽來中國貿易，尋歿，葬於廣州，即今日之回回墳，在廣州城北門外，墳建於唐貞觀三年，（六二九）故來華年月，雖無考，而謨罕驀德之與中國通商，至少當在貞觀以前也。此外如師子國，（天竺之南，即印度洋中之一島，）扶南、眞臘，（暹邏地，）林邑（越南西地，即占城，漢末名林邑，）等國之商船，亦常匯聚於廣州海口。至於西北貿易，則爲突厥迴紇吐番，突厥通商地點，爲受降城及安西等地，爲物物交易之制，⑫迴紇除馬絹交易外，亦間以其他本土所產易物，吐番由中土傳入蠶種造酒碾磑紙墨之法，⑬其他西戎黨項等地內地商賈之往貿易者，亦甚多。

宋時，海道與大食古邏闍婆（卽爪哇，）占城（卽前林邑，）勃泥，麻逸，三佛齊，（居眞臘爪哇之間）諸國，並通貿易。據其時所稱，諸番中之最富者，莫如大食，其次闍婆國，其次三佛齊國。⑭故是時大食仍有相當之勢力。開寶元年、四年、六年、九年、太平興國二年、四年、淳化四年均來朝貢。其土產物，亦多有運載與三佛齊貿易，由商賈轉販以至中國。三佛齊之船舶，均滿載香藥犀角象牙，泊於潮州及廣州二地。闍婆國，對於中國商人，尙有相當之優待，凡中國賈人至者，待以賓館，飯食豐潔。往來大商人，有毛旭及蒲盧歇等。占城互市，無緡錢，止用金銀，較量錙銖，或吿貝錦定博易之直。⑮摩逸國，亦於太平興國七年，載寶貨至廣州，勃泥，注輦諸國，亦時有中國商人商船之來往。大理交州之貿易亦多。交州自唐以來，所通道路有十六處。⑯宋政和末（徽宗一八年，）以其自熙寧以來，全不生事，特寬和市之禁，以示優異。東南貿易，以高麗爲最多。高麗與華陸路毗連，遼太宗時（後唐明宗時西曆九二五）已來往通市，然在宋代入貢之始，實由閩人誘之，且由海道而來，以是貿易往來，均在登州明州二地，交易不以錢，而以布米，嘗乞市書籍及金箔，中國商人，僑居其地貿易者，以數百計，多閩

籍。[十七]

元移宋鼎，入主華夏。亞洲諸國，悉爲藩屬。對外貿易，已趨比較自由。以是海外通商，亦以此時爲盛。東洋貿易，則有日本。考日本與中國交通之歷史甚早。自後漢始，即常通中國，歷魏、晉、宋、隋，皆來朝貢。故兩國間貿易之關係，早已樹立，固無疑義。據日本佛教全書安祥寺慧運傳所載，「乘大唐商人李處人之船入唐，又乘唐張支信等之船，自明州上帆歸國」。又據木宮泰彥日支交通史，謂日本承和六年（唐文宗開成四年，西曆八三九）至延嘉七年（即唐昭宗天祐四年唐亡時）日唐往來之商船甚多。中國船主，有李隣德、李處人、張支信、李延壽、張言、崔鐸、王超等，可證唐時之早有貿易。五代時，中日之貿易亦多。商船往來，極爲頻繁。惟有特別性質，則是時之商舶來往，盡爲中國商人之下番者。日船來華，蓋不一見。蓋是時，日政府對於海外貿易，取消極的態度，實行鎖國政策也。華商多係吳越商人，春夏時下番，秋冬時歸國。宋時，貿易仍盛，日商亦有來四明者。惟宋代倭船入界之禁極嚴，以是往來貿易，仍由中國商人獨佔。至元至元十五年時；詔諭沿海官司，通日本國人市舶，於是中日兩國間之貿易，特別增多，而日商之來華者，一時間極爲踴躍，惟華商往日者，則突形減少，見諸載籍者，僅於一三五〇年時有一船。日商來華，其時亦受寬大之待遇，且許人民以黃金銅錢市日貨，然大德時，復以日商爲患地方，倭船所至，備之極嚴，而日本本國亦在閉關時代，故終元之世，雖有貿易，亦未能與西洋諸國比也。元時佔貿易重要地位者，仍爲阿剌伯人，幾獨佔中國之海路通商。泉州一地，阿人之移居者以萬計，可見其盛矣。

第二節　近代西洋人通商之起源

歐人之東來貿易，始於明代，開吾國通商史上之新紀元。來華通商最早者，爲葡萄牙人。正德十一年（一五一六）拉斐爾伯斯德羅(Raphael Perestrello)附航船來廣東，次年又有商船隊八艘相繼至，地方官善遇之，遂開始貿易，爲中國與近代歐人直接通商之始。

明代歐人貿易勢力，可謂爲葡萄牙之時代。惟據明史，中西紀事，及海國圖志所載，則葡萄牙以前，明武宗末至萬曆中（一五二一……一六〇七）數十年間，尚有所謂佛郎機者，獨佔粤閩之貿易，中西紀事（卷一）且謂歐羅巴之通中國者，亦以佛郎機爲最早，佛郎機卽佛蘭西，海國圖志瀛寰志略，海錄等書，均載明之。茲將明季佛郎機之事實，史籍所載者，按年列出於下，以資考證。

正德十二年（一五一七）	佛郎機素不通中國，十二年，突至廣州澳口，以滿剌加愬其奪國，逐之。
正德十三年（一五一八）	佛郎機於正德中，據滿剌加。十三年，遣使臣甲必丹末等貢方物。
正德十六年（一五二一）	七月，佛郎機攜土物來華，求市，守臣請抽分如故事，復拒之。
嘉靖二年（一五二三）	寇新會之西草灣，官軍追捕，得其砲，汪鋐進之，名曰佛郎機。又是年，佛郎機人突入廣東會城，御史何鰲謂由於缺上貢香物，致番舶不絕於海。是時，佛蘭機與華貿易頗甚，粵東文武月俸，多以番貨代，佛郎機絕市，貨至遂少，有請復許通市者，未準。巡撫林富上言，謂粵中公私諸費，多資商稅，番舶不至，公私皆

	窘，請許佛郎機互市，從之。自是以後，佛郎機遂入香山澳爲市，又至福建貿易，往來不絕。
嘉靖十四年（一五三五）	指揮黃慶納賄，移市舶司於濠鏡，（距香山百二十里，）歲輸課二萬金，佛郎機遂混入焉。高樓建築櫛比相望，閩粵商人趨之若鶩，其來益衆，諸番皆趨之。
嘉靖二十六年（一五四七）	佛郎機船載貨泊浯嶼，漳龍溪八九都民及泉之賈人往貿易。
嘉靖二十八年（一五四九）	佛郎機已在香山澳濠鏡，建城築室，若一國然。將吏之不肖者，反以爲外府矣。
萬曆中（一五九四……六）	破滅呂宋，盡擅閩粵海上之利。
萬曆三十五年（一六〇七）	是時何士晉督粵，令悉隳澳中城台，諸番始稍有顧忌，佛郎機始懷去志矣。

萬曆天啓間（一六二二…三）	增兵澳門，專以防佛，佛亦猜逼，不敢久留。
崇禎三年（一六四〇）	佛郎機，互市禁止入省令商人載貨下濠鏡澳貿易。

由上觀之，明武宗以後，數十年間，幾全爲佛郎機貿易之時代。如嘉靖時，林富請開互市奏，可知其貿易之大，足以影響粵中公私諸費。其最盛時，爲嘉靖萬曆中。萬曆三十五年復以官司禁止邊民仇恨，始逐漸衰落。又清順治四年，粵督佟養甲言佛郎機寓居濠鏡，與粵商互市於明季已歷有年所，後因深入省會，遂飭禁止，似更可證明明時佛人已有前此之貿易。

若觀葡人方面，其中籍書中之可考者，如瀛寰志略，謂：

隆慶初（一五六八）葡萄牙抵粵東香山縣之濠鏡，請隙地建屋，歲納租銀五百兩，許之，遂立埔頭於澳門，爲歐洲諸國通市粵東之始。

澳門紀略所載，謂：

葡爲西洋夷，居香山澳，自明萬曆迄今，幾二百年。

隆慶及萬曆，均在正德後數十年。若是，則葡人在華通商，尚在佛蘭機之後，然據海國圖志引外國史略，所載：

葡萄亞國，於周朝已通貿易，後羅馬國攻服之，漢時國日強，唐肅宗時，併入回回者三百年，宋時攻敗回回。……明正德一一年至中國，前駐上川，復至舟山、寧波、泉州，而據澳門，廣通商之路。

西籍所載，亦謂：

中外直接通商之起始者，為葡萄牙人，於一五一一年時克麻六甲(Malacca)，(其時東方國際貿易之中心點)五年以後，(一五一六)伯斯德羅航海至中國。次年葡船四艘，及馬來船四艘，至廣東之上川島。

若是，則明代正德十二年之至澳口者，當為葡萄牙人。其他外國史籍所載，均謂葡萄牙在明季佔貿易權，並無佛郎機之事。考明時西人來華，均統分為西南洋人及大西洋人，種族未加細別。屋澳門者，均謂之澳夷，內中錯誤，自所不免，意者或誤以來華之葡人，為法郎機人也。其可佐證者有四：

一、明史所載，正德十二年，佛人來華，滿剌加愬其奪國，逐之。海國圖志，亦謂佛郎西之通中國，自踞滿剌加始。荷蘭之通中國，自踞交留巴始。滿剌加卽麻六甲，考在正德時（一五一一）據麻六甲者，係葡萄牙人，而非佛郎西人。

二、明史有佛郎機傳，而無葡萄牙或澳夷布路亞等傳，僅佛郎機傳後，附大西洋人來中國者，亦居此澳一語。

三、澳門紀略下卷，佛郎西條，第八頁，謂佛郎西遣將以巨砲利兵，破滅滿剌加，又擊破巴西國。考巴西國，於一五〇〇年後，爲葡人擊破，並非佛郎西。西史載葡人加伯拉爾於一五〇〇年三月率十三船，由里斯本起程，往印度，誤漂至南美巴西海岸，據爲領土。

四、此外如與荷蘭中分美洛居（斐利濱羣島內）擊破呂宋，明史均載爲佛郎機，其實均西班牙之誤。

據上證明佛郎機殆卽葡萄牙之誤，㉑是時發現東方航路者，爲葡萄牙人。一四八六年，地亞士（Diaz）始至好望角，卽古之大浪山。一四九七年，華斯哥加馬，始至印度。於一四九九年，卽返國，航路未發現，佛郎西人，不能是時來華。考葡萄牙，誤爲佛郎西之原因，有二：

一、沿佛郎機銃名之誤：職方外紀，佛郎西國條，謂「佛與兵伐回回，始制大銃，因其國在歐羅巴內，回回遂概稱西土人爲佛郎機，而銃亦沿襲此名，故昔時佛郎機，已爲歐西人之統稱。考回回與華之關係最早，而以元代爲尤盛。元憲宗子旭烈兀魯征西域回回國（卽黑衣大食）殺回回教主以後與羅馬教主西歐諸王，常通信使。正德時，葡人來華，以其爲大西洋歐羅巴人，遂沿回回而亦稱之爲佛郎機，後人遂誤以爲佛郎西國。

二、沿法蘭克名稱之誤：法蘭克於十五世紀時，已括西班牙葡萄牙諸國在內，卽元時之伐回回者，亦係法蘭克，而非法蘭西一國。法蘭克王腓力曾兩次攻回教徒所據地之埃及，故法蘭西（或佛蘭克）之稱，乃當時回教人以之統稱西歐諸國者，並非專指法蘭西一國而言。元時，西域宗王有致法蘭克王之書，第一爲阿魯渾（元世祖至元二十一年封爲可汗）書，第二爲宗王合兒班達書（二書均存巴黎古今文牘官庫內，東方雜誌八卷三號載有原書照片）二書內有「若輩法蘭克王及吾輩」之語。若輩當指歐西非回教之各國，吾輩指帖木兒可汗（卽元成宗）托克托汗等，兩相對照。故法蘭克爲元時華人統稱歐西人之名，亦無疑義。至明時，華人以佛蘭機誤法蘭克，復由佛蘭機誤爲法蘭西一國也。

次於葡萄牙者，爲西班牙。一五七二年（明穆宗隆慶六年）由馬利拉(Manila)來華。一五七五年，至廣東。職方外紀且謂歐羅巴初通海道，周經利未亞，過大浪山，抵小西洋，而至中國貿遷者，從此國始。西班牙人，於明時並無何等勢力。

次之，爲荷蘭，卽明時之紅毛，與中國間接交易之歷史甚早。閩俗每歲給引販大泥國及咬𠺕吧，荷蘭就其地轉販。萬曆二十二年（一五九四）有奸民潘秀，在大泥貿易，勾引荷蘭人以來，爲荷人來華之始。二十九年（一六〇一）攻呂宋，轉至香山澳，求市未許，去之福建之漳州，直抵彭湖嶼。三十二年（一六〇四）至廣東，亦未許貿易。三十五年（一六〇七）復來，仍未成功。天啓二年（一六二二）率船十五來攻，敗去，遂往台灣。海上奸民，與之互市者，頗多。遂再至彭湖，以求市爲名，築城而守。天啓四年（一六二四）逐之。離彭湖，荷人極欲得貿易之權，深忌澳夷，終爲所阻。終明之世，未能通市。清初順治十年（一六五三）又至廣州。十二年，准其貢使在館交易，廣東仍禁如故。

清代海禁未開以前，在華佔貿易權者，爲英法荷蘭諸國，而以英人爲較盛，幾獨佔此時期之海上貿易。法人於一六六〇年來華。美國則於一七八四年。英人則於崇禎十年（一六三七）已直接派商來華，其時由船長維德爾商人首領蒙得雷率艦五艘至廣東。邊臣誤以英人爲荷蘭謂紅毛一種，內有英圭黎諸國，(十九)奏稱紅毛駕四船由虎跳門薄廣州聲言求市中西紀事，已言其誤矣。清康熙時，思在澳門貿易，以海禁未開而止，僅往來於廈門台灣等地。台灣平乃舍閩赴粵東，又往來於舟山寧波等地是時英吉利之名不著，但知爲紅毛而已。海禁開後，英人以粵關索費太重，常糾合洋商爭之。乾隆五十八年又使馬甘尼來華，請在天津開港，未許。道光十年，英政府又解散在粵總攬貿易之四班公司局，聽散商來華貿易，勢力更加澎漲。設大班以經理之，義律卽於是時來華大班之一，同時粵人與英，以商業關係，常起隙端，遂釀成鴉片戰爭，開吾國不平等條約先河之南京條約。

俄國與我國國境毗連，故發生貿易關係，亦當較他國爲早。其貿易上之往來，均由陸路，亦與其他歐洲各國異。而康熙二十八年（西曆一六八九）所訂之尼布楚條約，又爲我國締結通商條約之嚆矢。考俄國，於明穆宗隆慶元年（一五六七），卽曾派使至北京。崇禎十六年（一六四三）又派波雅爾古，來黑龍江探測。清康熙十四年，又遣使至北京，要求劃國境開貿易交換捕虜三事，談判未成。至康熙二十八年，始有尼布楚條約，正式規定兩國往來行旅，如有路票，聽其交易。康熙三十二年，又規定俄國商隊，三年得至北京一次，每隊以二百人爲限，且正式特允貿易之免稅，與其他海道貿易之國家，徵稅極重者，相差懸殊矣。中俄之正式互市，自此始。其後雍正五年（一七二七）九月，又締結恰克圖條約，關於通商者有三項規定：（一）於恰克圖建屋樹柵，名曰買賣城，爲兩國之通商地；（二）恰克圖貿易兩國均不徵稅；（三）俄商每三年得至北京貿易一次，但人數以二百爲限。自是以後，中俄之貿易日益增盛矣。

考明末清初，近代歐人之來華貿易者，除葡萄牙、西班牙、荷蘭、英國、法國、美國、俄國外，尚有瑞典人、普魯士人、丹麥人、漢堡人、奧地利人、意大利人、祕魯人、墨西哥人、智利人等，亦均於此時期內。先後來華貿易。惟其地位，均無甚重要耳。茲將近代歐人來華貿易之年月，表列於下：

國名	最初來華貿易年月		最初來華者	初至地點	備註
	中曆	西曆			
葡萄牙	明正德十一年	一五一六	拉菲爾伯斯德羅	廣東	次年商船隊八艘至，遂開始貿易

西班牙	明萬曆三年	一五七五	教士二人	廣東	一五八〇年至北京被擯回廣東自後多在馬尼拉與福建各港間貿易
荷蘭	明神宗萬曆三十二年	一六〇四	瓦維克Wybrand and Van-Wan-nich率一船	廣東	一五九四年即有來華者惟實際來船者則爲一六〇四年一六二四年佔台灣熹宗天啓三年（一六二三）遣人求互市
英國	明崇禎十年	一六三七	約翰維德爾John Weddell爲船長蒙得雷N. Mount-ney爲商人首領率五船至	澳門	此爲實際通商之始英國與日本於十七世紀時已有貿易
法國	清順治十七年	一六六〇	一船	廣東	一七二八年設洋行尋廢
美國	清乾隆四十九年	一七八四	直接派船來華	廣東	
俄國	明穆宗隆慶元年	一五六七	俄派使至北京		以前常來邊境貿易爲陸路通商之國家

㊀ 宋史食貨志「互市舶法，自漢初與南粵通關市，而互市之制行焉。」

㊁ 史記匈奴傳。

(三) 史記匈奴傳：「自是之後，匈奴絕和親，往往入寇漢邊，不可勝數。然匈奴貪，尙樂關市，嗜漢財物，漢亦尙關市不絕，以中之。」

(四) 後漢書西域傳：「桓帝延熹九年，大秦王安敦，遣使自日南徼外獻象牙犀角瑇瑁，始乃一通焉。又海國圖志卷二十七，謂大秦國，即古羅馬。漢晉皆曰，大秦。唐曰，拂菻。宋仍之。桓帝時，通中國。」

(五) 漢郭憲別國洞冥記，卷二，載：「元封三年，大秦國貢花蹄牛。」考元封三年，係武帝時（西曆一〇八），若是，則大秦之通中國，當不始於桓帝，而始於武帝，以正史未載，尙待考。

(六) 魏源海國圖志卷二〇九。

(七) 後漢書烏桓傳：「順帝陽嘉四年冬，烏桓寇雲中，遮截道上商賈車牛千餘兩。」

(八) 後漢書馬援傳：耿舒語，又梁冀傳：「冀起菟園於河南城西，嘗有西域賈胡，誤殺一菟，」亦賈胡深入內地之一證。

(九) 王國維觀堂集林西胡考。

(十) 太平廣記卷四四一，卷四六四，第三頁，又卷四〇二第三頁，又卷四〇二第五頁，此外尙多。

(十一) 廣州府志卷一六〇，「廣州開海舶，西域回教默德那王謨罕驀德，遣其母舅番僧蘇白賽來中土貿易，建光塔及懷聖寺，寺塔成，尋歿，遂葬此。」

(十二)舊唐書突厥傳，上、下。

(十三)舊唐書吐蕃傳。

(十四)周去非嶺外代答，卷三，航海外夷條。

(十五)宋史，卷四八九，外國五。

(十六)宋史卷四八八，交州條。

(十七)宋史高麗傳：「紹興二年，定海縣言民亡入高麗者，約八十人，」王城有華人數百，多閩人，因賈舶至。

(十八)桑原隲藏宋末提舉市舶蒲壽庚之事蹟，第二百二十二頁，佛郎機下亦註以 Portugal，惟未證明。

(十九)中西紀事，互市檔案第二頁，謂「陳昂任廣東總兵官，奏言紅毛一種，內有英圭黎諸國。」

第二章　歷朝之對外商業政策

吾國自昔以農立國，貿易一項，素不重視。以言政策，殊愧未能；惟自唐宋以來，市舶之收入甚大，頗引起有司之相當注意。偶有設施，其間蛛絲馬跡，亦有可以記載者也。

統觀吾國對外關係，自西漢時起至康熙二三年（一六八四）開海禁止，完全爲閉關之時代。故在此時期中國外貿易多隨貢舶以至。然其中，亦尙有比較的禁錮及比較的自由二時代。如明嘉靖元年至三十九年，及淸順治元年至康熙二十二年，爲比較禁錮的時代。但禁錮各有特別原因，各國亦有分別。嘉靖時，乃嚴防倭寇。故南洋諸國，仍許朝貢。順治、康熙時，乃由於台灣鄭氏未平，故荷蘭、暹邏等國，亦曾特別允許其貿易➊而同時尙有京師會同館開市五日之例，故並非絕對的禁錮，不過比較嚴重耳。比較自由之時期，則以元代爲較顯著，然亦注重於朝貢方面，故吾國此千餘年來之商業，廣泛言之，卽謂爲隨貢互市的商業亦可。雖國內商人之出洋貿易者，亦甚多；然外商之來華者。

則大多先進貢而後貿易，蓋吾國自昔以天朝自居，海外諸邦，均以蠻夷相視，非進貢絕不許其入境，故外人之欲通商者，不得不隨貢舶以至，或以貢爲名也。此種情形，即在清代中葉，英、法各國之來貿易者，亦未能免。茲將歷代設施，分述於後：

第一節　唐代以前之商業政策

唐代以前，市舶無專司之置，邊境互市，聽其自然，既不以國庫收入爲目的，復無保護之性質，無所謂政策也。隋時，西域貿易頗多，由裴矩掌其事，利用諸胡商人，採詢西域四十餘國之山川險易，並據此以撰西域圖記。其序中有謂：「西域縱橫將二萬里，由富商大賈，週遊經涉，故諸國之事，罔不偏知」之語。㊀其後西域諸國，相率入貢，均由裴矩之功，而矩則得於商賈之手，始可謂略有利用商人以圖侵略之性質。

唐時財政，以鹽茶之收入爲大宗，舶稅所收，不關重要。德宗以後，軍事屢興，括富商錢甚多，商業頗受影響，其時邊境方面，雖有安南、安西兩都護府，以爲中西海陸互市之通衢，同時西域諸國及猶太波斯人來華貿易者，又極爲踴躍；然未聞有何項之設施，惟對於來華番客，頗加保護。如文宗太和八年（八三四），之上諭，謂來華番客，宜委節度觀察使常加存問，蓋已寓有懷柔遠人之意。惟對於私與番人貿易者，禁令亦嚴，凡未經官府許可，仍不得私相交易也。

第二節　宋代之商業政策

宋代海外貿易，大多以收入爲政策，由政府專其利。閩廣商人，往外洋貿易者，及外商來華者，均須照例抽解。崇寧以後，此項收入常在數百萬之間，其收入政策之最明顯者，如下：

一、太宗時，以抽解所得之犀象香藥，於京師置榷易署，增價賣與商人，恣其販鬻，歲可獲錢五十萬，以濟經費，卽其收入政策。

二、高宗紹興七年上諭，謂市舶之利，最厚。若措置合宜，所得動以百萬計，豈不勝取之於民。

三、高宗紹興十六年上諭，謂市舶之利，頗助國用，宜循舊法以招徠遠人。

四、顧炎武天下郡國利病書，謂南渡後，經費困乏，一切倚辦海船，歲入固不少。

五、宋岳珂著桯史卷十一，謂番禺有海獠雜居，其最豪者，曰蒲姓，本占城之貴族也……使者方務招徠以阜國計，不之問。

關於此項收入政策之表示，散見古籍中者，甚多。故宋之注重海舶收入，殆無疑義。此外對於海外貿易之獎勵，尤爲宋代商業之特點。太宗雍熙時，遣內侍八人，招致番商，其後蔡景芳又以招誘舶貨而補承信郎，大食番客蒲囉薪，以所販乳香直三十萬緡，亦補承信郎。又定例，閩廣舶務監官抽買乳香，每及一百萬兩者，轉一官。孝宗隆興六年，又有諸市舶綱首能招誘舶船抽解貨物，纍價五萬貫以上者，可補官之詔。此皆當時對外貿易之獎勵及收入政策也。不過宋時雖以收入爲主要目的，而其抽解有定數，而取之不苛，納稅寬其期，而使之待價，亦寓有懷遠之意也。

第三節　元代之商業政策

元代貿易政策，與宋略有不同，其可注意者，有二：一曰貿易之比較自由，一曰官營海外貿易。至元十四年（一二七七）初設市舶司時，卽令每歲招集舶商至番邦博易珠翠香貨等物。十五年（一二七八）詔中書行省，唆都蒲壽庚等謂諸番國列諸東南島嶼者，往來互市，各從所欲。又詔沿海官司，通日本人市舶，罷海商之禁。三十一年（一二九四）又詔勿拘海舶，聽其自便。英宗至治三年（一三二三）令聽海商貿易歸徵其稅，故此時爲貿易解禁之時代，一方面固爲收入營利之目的；㊃一方面亦藉此以招諸番之來朝貢也。官營海外貿易，爲世祖時貿易利權集中之計劃；換言之，卽中央政府獨佔海外貿易之政策，定例（新元史食貨志謂始於至元二十三年）官自具船，給本選人下番，貿易諸貨，其所獲之息以十分爲率，官取其七，所易人得其三，諸番客旅，就官船買賣者，依例悉抽之，爲官船官本商販之法，其意卽不許泉州蒲壽庚等壟斷其利，而使諸番互市之利權，收集於中央政府，故凡權勢之家，均禁其不得用己錢入番爲賈，犯者罪之，仍籍其家產之半，蓋其時之一種積極政策也。此外如徵稅之雙抽單抽之制，番貨重而土貨輕，亦可爲吾國獎勵國貨出洋之先例。

第四節　明代之商業政策

明初，對外貿易，已由營利及收入政策，一變而爲純粹的懷柔政策，蓋欲藉海外貿易以懷柔遠人來朝貢也。故海舶來華，多不徵稅。洪武二年（一三六九），三佛齊國海舶至泉州海口，高麗海舶至太倉，均勿征稅，又諭福建行省免征占城海舶，示懷柔意。同時又規定朝貢附至番貨欲與中國交易者，官抽六分，仍給其價以償之，復免其稅，蓋此時有市舶之名，而無抽分之利。永樂元年，西洋瑣里國及刺泥國來貢附帶胡椒與民互市，亦免其稅。蓋其時，注重懷柔遠人，不以市舶爲利，成祖所謂「商稅所以抑逐末之民，不以爲利也。」北邊貿易，孝宗弘治元年（一四八八）令北人入貢者，聽其貿易，吾國對於外商來華之貿易，以此時期爲較開放。

明代中葉以後，貿易雖趨開放，然並非絕對之自由。（一）對於外夷之不歸順常爲邊患者，有禁錮之敕令。如西番、琉球，曾未寇邊，卽許其入貢互市。西洋南洋各國之來朝貢者，亦得享有自由之特權，至於常爲患於沿邊諸地者，則以禁令限制之。故對於日本，則限其期爲十年，人爲二百，船爲二隻。如穆宗隆慶二年，福建巡撫都御史涂澤民，請開海禁，準販東西二洋。蓋東洋若呂宋、蘇祿諸國，西洋若交趾、占城、暹邏，皆無侵叛之故，特嚴倭禁，卽其一例。（二）對於近畿之沿邊各地，亦禁止外洋之貿易，野獲編卷十二，戶部，謂明代自永樂以來，閩省禁止貿易，廢市舶。至萬曆三十四年時，僅存廣州一司，蓋其時，禁令專對於閩，卽近畿之地，所以防姦民也。

至於本國商人下番之貿易，則與外商來華貿易者，不同。自洪武時起，常有私下諸番互市之禁，其意卽以爲寇邊，由於沿海人民私下番貿易者所引致也。

太祖洪武十七年（一三九四）	命嚴禁私下諸番互市者，帝以海外諸國多詐，絕其往來，惟琉球、眞臘、暹邏，許其入貢，而沿海之人，往往私下諸番貿易香貨，因誘蠻夷爲盜，命禮部嚴絕之，凡番香番貨，不許販賣。
宣宗宣德八年（一四三三）	嚴私通番邦之禁。
正統十四年（一四四九）	命申瀕海居民，私通外國之禁，蓋居民貿易番物，常洩漏事情，及引海賊寇邊。
代宗景泰三年（一四五二）	禁約福建沿海居民，毋得收販中國貨物，置造軍器，駕海船，交接琉球，招引爲寇。

武宗正德三年（一五〇八）命各番進貢，勿得入境市物，以其物售之者，治以重罪。

惟自隆慶萬曆以後，禁令頗弛。如萬曆二年時，泉漳各州，尙有水餉陸餉加增餉之名目，以徵於華人之下番者。

上列禁令，略寓有國家專有海外貿易之意（市舶司卽爲司其責者）卽禁私營海外貿易者。至於外商之隨朝貢而來，爲朝廷所允可者，可以互相貿易，否則爲私，卽有嚴厲之禁令以限制之。故總觀明代之政策有二：對於外商，則寬貿易以示懷柔，其不歸順者，仍限制之；對於國內商人之下番者，則採禁錮之策，以重國防，而杜邊患。至於海船收入，其時亦有相當之注意，所謂市舶所以通華夷之情，遷有無之貨，徵收稅之利，減戍卒之費，禁海賈，抑奸商，使利權在上，罷市舶，則利權在下，[五]蓋一方面可以流通貨品，通曉外情；一方面亦可以補國庫之不足。觀萬曆四十五年，督餉通判呈文，謂海澄洋稅，上關國計盈虛，下切商民休戚，而廣州市舶，公家尙收其羨，以助餉，（野獲編）可知其重要矣。

第五節　清初之商業政策

清代政策，在海禁開放以前，卽順治初年至康熙二十三年，爲比較保守閉關之時代，禁令甚嚴。如順治十二年，令除有執照許出洋外，有擅造船出洋，或分取番人貨物者，治罪。康熙初，雖有二次例外，二年曾准荷蘭貿易一次，三年准暹邏貿易一次，五年時，又令永行停止貿易，七年，復有非貢期概不准貿易之令，蓋其時深恐外商奸詐，擾亂邊境，而台灣未平，亦爲其一主因也。吾國歷朝對外貿易，在此時期以前，吾人或可概稱之爲隨貢互市之商業。

康熙二十三年（一六八四）開海禁，令直隸、山東、江南、浙江、福建、廣東各省，先令海禁之例，盡行停止；除違禁品外，均可出洋貿易，又允許沿海居民，以五百石以上船隻出洋貿易。吾國數千年來，以明文記載開放海禁者，以此爲始，（其後雍正七年（一七二九。）復大開洋禁，凡康熙時之尙有限制者，亦均解禁，以是西南洋諸國，咸來互市。）㊅惟吾人所應注意者，則此時期以前之閉關政策內，嚴海禁者，乃禁私，卽禁私與番人貿易者，而於隨貢舶以來之外商，並未受何等禁錮，仍可以互相交易也。而此時期之開海禁，亦所以開放私相貿易之禁，凡民經官府之允許，不違法令者，亦可自由貿易也。故此時期或謂爲由「限制的貿易」轉爲「自由的貿易」亦可。

海禁開後，貿易已趨自由，其通商之地點，初時爲閩粵四港，後又限於粵東一港。故一時海外商業，總聚於廣州一地。廣州貿易，乾隆間又專利於公行之手，公行者，總理對外一切交易之事者也。二十四年，又重定非開公行之家，不許外商寓歇，（以前民間競建房屋，以寓外商之在粵過冬者，弊端百出）其買賣貨物，必令行商經手，方許交易，作弊者分別究擬。又設通事買辦，故公行之勢力極大，粵中貿易——實際卽其時全國之對外貿易——均操縱於公行之手矣。故淸代此時期之政策，一方面圖流通貨物，增加稅收，特開海禁；一方面，復恐外人過於散漫，難以稽查，復採貿易集中之策，如貿易之限聚於廣東一港，公行之總攬對外貿易全權，均爲此種集中政策之表現也。

綜合言之，吾國歷代對外貿易，自西漢起，至淸初開海禁止。其商業有二：一爲外船來華之貿易；一爲本國商人出洋之貿易。二者之中，以第一項貿易爲最大，蓋本國商人出洋之貿易，雖每歲不乏其人，然常受禁令之限制，絕未能發展也。故自性質上言之，吾國海外商業，可概稱爲隨貢互市之商業，雖實際上不能絕對的無專營貿易者，然大多數，均隨貢船以來，或以貢爲名，而來貿易。若自政策上言之，則歷朝均寓有懷柔之意，同時亦多以收入爲目的，難有嚴格之劃分，以素無商業政策足言如吾國者，固無足怪。唯自上述觀之，吾人可得而知者，有二性質：

一、懷柔　卽懷柔遠人之意，前代對於遠人之來貢者，極爲重視，可以宣佈本朝之國威，爲免兵戎征伐計，卽以貿易爲一種手段以招徠之。

二、收入　市舶收入，爲利極大，前代已屢有言及之者，故歷朝亦極注意之。招徠番商，卽所以增加收入，其禁私之令，一部分雖爲避免寇邊之患，一方面卽爲國家獨佔此項收入利益之一種手段。

總之，歷代設施，並無絕對之懷柔政策，或絕對取收入主義者，其實同爲國外貿易之一種方策也。

㊀ 康熙二年，准荷蘭貿易一次。三年，准暹羅貿易一次。

㊁ 隋書裴矩傳。

㊂ 木宮泰彥，日支交通史第一九二頁，謂唐時，非經官府許可，不得私與諸番交易，遣唐使一行，歸朝時，購物犯禁，即爲官所縛。

㊃ 元順宗中統二年（一三三四），中書省請發兩航船下番，爲皇后營利，可知元時之重營利主義。

㊄ 世宗元年，給事中夏言，上言市舶事語。

㊅ 王之春，國朝柔遠記，卷四第十二頁，謂康熙中，雖設海關，與大西洋互市，尙嚴南洋諸國之禁。至雍正七年，始大開海禁，西南洋諸國，咸來互市。

第三章　管理及經營對外貿易之機關

第一節　市舶司之制度

吾國與外洋通商，起源甚早而專置官員以主綰此項事務者，則始於唐代之市舶使。市舶使，爲吾國海關征稅之所自始，起於唐初，迄於明末前後千餘年雖名稱更易興廢不常，然市舶事務之置有專員稽徵番貨固未嘗間也。唐代以前中外貿易卽已發達，如大食波斯往來交易每歲頗多，然史籍所載，未聞有市舶使之名，蓋其時番貨徵榷事務由州吏刺史主之。㊀故漢魏以降，緣邊郡國，皆有互市，與諸番交易，均由郡縣主之，而不別置官吏。至隋，互市始設專官，有四方使者各一人，掌方國及互市之事，其屬有交市監，（從八品）及副監，（從九品）置於緣邊諸州，分司糾察互市出入交易之事。唐初，亦因其舊，諸番交易，置互市監，（正六品）及互市監丞，（正八品）隸於所管州府。凡互市所得物品各別其色，以言於州府，由州府爲之申聞，互市監，於武后光宅中（卽睿宗文明元年，西曆六八四）曾改爲通市監，後又復舊名。㊁市舶使之名，始見於開元初年，㊂若以唐六典證之，（蓋唐六典爲玄宗所撰述，玄宗以前之制度無此官）則此官或卽開元初間由互市監所改置者，惟顧炎武天下郡國利病書論海外諸番互市條，有貞觀十七年有三路市舶之語，但據桑原隲藏所述，謂貞觀十七年乃引宋史紹興十七年之誤。㊃總之，開元時，已有此官之設，自無疑義也。市舶司初設時，卽有專員管理，且多以中官主持其事，如新唐書盧奐傳，謂「奐爲南海太守，中人之管市舶者，亦不敢干其法。」奐爲玄宗時人，故初置市舶司時，卽以中人主之，又代宗本紀，謂「廣德元年（七六三）宦官市舶使呂太一，逐廣南節度使張體」亦爲中官領市舶之證，其後始領於節度使。宋初，市舶司掌番貨海舶徵榷貿易之事，以來遠人，以通貨物，市舶使，市舶判官，多由州郡兼領，爲各州郡兼領市舶使之時代，至神宗元豐中，（一〇八一）市舶事務歸轉運司專管，州郡不復預，制度爲之一變，其後屢廢屢置。至恭帝德祐元年，罷市舶分司，令通判任舶事，仍復宋初州郡兼領之舊制矣。元代市舶，一沿宋制，唯廢置甚多。世祖時，曾併入鹽運司。武宗時，又以之隸於泉府院，後復以市舶提舉司隸行省。明代仍有市舶提舉司，洪武永樂官制，置市舶司提舉一員，（從五品）副提舉二員，（從六品）吏目一員，（從九品）專管海外來貢貨物市易之事，而以內臣提督之，迄於明末，均爲中官領市舶之時代。嘉靖萬曆間，市舶司時有興廢。萬曆初其時已嚴洋禁，廢市舶。福建所有商賈引稅，均由海防同知官管理，爲海防同知領舶稅之時代。至萬曆二十七年（一五九九）大榷天下關稅，遣中官至閩，蒐羅以進內府，於是舶稅又歸內監委官徵收，考福建海防同知之管理舶稅，似始於穆宗隆慶六年，止於萬曆二十六年，共二十八年之久。（據東西洋考督餉職官條，海防同知相繼署稅務者，七人，始於隆慶六年，止於萬曆二十六年。）惟是時，海防同知之兼管引稅，與明代之市舶司職務，又有不同。市舶之設，乃主貢夷及夷商來市者，即管理外人之來華者，而是時之海防同知，則管理華商下番，回棹時帶貨之徵稅。㊄ 按萬曆間，閩中嚴海禁，不許夷人來閩，無市舶司，故有海防同知領稅務。廣州開放如故，故市舶司仍舊也。清代不設市舶，海禁之時，貿易事務，以地方官吏主之。近海州縣司稽查，稅務歸於鎮閩將軍，海禁開後，則設海關，故市舶司之官，至清代已不復有之。茲將歷代市舶司之重要興廢，按年列出於後：

唐玄宗開元初（七一四左右）	有市舶使。
代宗廣德元年（七六三）	有廣州市舶使。
宋太祖開寶四年（九七一）	置市舶司於廣州，以同知兼市舶使，通判兼市舶判官。
眞宗咸平三年（一〇〇〇）	杭州、明州各置市舶。
仁宗時（一〇二三左右）	杭州、明州、廣州，置市舶司。
神宗熙寧中（一〇七二）	泉、杭、廣州，皆置司。
熙寧九年（一〇七六）	議罷杭州、明州市舶，隸廣州一司。
元豐中（一〇八一）	轉運司兼提舉市舶。
哲宗元祐二年（一〇八七）	泉州始置市舶，與州郡獨立。
元祐三年（一〇八八）	專置市舶提舉，轉運不復預。置密州板橋市舶司。
元祐四年（一〇八九）	盡罷提舉官。

徽宗崇寧元年（一一〇二）	復置杭明市舶司，官吏如舊額。
大觀元年（一一〇七）	續置提舉。
高宗建炎元年（一一二七）	罷兩浙福建市舶司，歸轉運司。
建炎二年（一一二八）	復閩浙二司。
紹興二年（一一三二）	罷福建提舉市舶，以提舉茶鹽兼領。
紹興十五年（一一四五）	置江陰軍市舶務。
孝宗隆興二年（一一六四）	是時，兩浙市舶，分建於臨安、明州、秀州、温州、江陰，軍五所。
乾道二年（一一六六）	罷兩浙市舶司，福建廣南仍舊。
恭帝德祐元年（一二七五）	罷市舶分司，令通判任舶事。
元世祖至元十四年（宋端宗景炎二年）（一二七七）	立市舶司一於泉州。 立市舶司三於慶元、上海、澉浦，由福建安撫司督之。

至元二十一年（一二八四）	杭泉二州，設市舶都轉運司，九月又併市舶司入鹽運司。
至元二十二年（一二八五）	正月，又立市舶都轉運司。六月，又併市舶司入轉運司。
至元二十三年（一二八六）	八月，以市舶司隸泉府司。（新元史爲泉府監） 十一月，改廣東市舶爲鹽課市舶提舉司。 十二月，復置泉州市舶提舉司。
至元三十年（一二九三）	立海北、海南博易提舉司。稅依市舶司例，三十一年罷。
成宗大德元年（一二九七）	罷行泉府司。
大德二年（一二九八）	併澉浦、上海市舶入慶元市舶司。
武宗至大元年（一三〇八）	又以市舶隸泉府院。
至大二年（一三〇九）	罷泉府院，以市舶司隸行省。
至大四年（一三一一）	又罷市舶司。

仁宗延祐元年（一三一四）	復立市舶提舉司。
延祐七年（一三二〇）	罷市舶司。
英宗至治二年（一三二二）	復置市舶提舉司於泉州、慶元、廣東三路。
泰定帝泰定元年（一三二四）	止令行省抽分海舶。
明太祖洪武初（一三六九）	市舶司，初設於太倉之黃渡鎮，尋改於廣東、福建、浙江，設市舶司三。
洪武三年（一三七〇）	罷太倉、黃渡市舶，番舶至太倉者，命封籍其數，送赴京師
洪武七年（一三七四）	罷福建、廣東、浙江三提舉司。
成祖永樂元年（一四〇三）	復於浙江、福建、廣東，設三市舶提舉司。
永樂三年（一四〇五）	於福建、浙江、廣東三市舶司，各置驛館。福建曰來遠，浙江曰安遠，廣東曰懷遠。

永樂六年（一四〇八）	設交趾雲屯市舶司。
武宗正德三年（一五〇八）	移廣州市舶司於高州之電白縣。
世宗嘉靖元年（一五二二）	罷福建、浙江二司，惟存廣東市舶司。
嘉靖三十九年（一五六〇）	復三市舶司。
嘉靖四十四年（一五六五）	九月，罷寧波市舶司。
神宗萬曆二十七年（一五九九）	復設浙江福建（八府一州）市舶稅務，以濟國用，以中官領職。
萬曆三十四年（一六〇六）	是時僅存廣州一市舶司，（據野獲編。）
崇禎十七年（一六四四）	十月，以劉安行提督浙直市舶屯田，劉若金提督福廣市舶屯田，是時尙有市舶提督，（據顧炎武聖安本紀）

市舶之官名，按朝列表於左：

朝代	市舶官名		隸於何官
隋	交市監（從八品）	交市副監（從九品）	隸於四方使者
唐（玄宗以前）	互市監（正六品）	互市監丞（正八品）	隸於州府
唐（玄宗以後）	市舶使		
宋	提舉市舶司	市舶判官	州郡兼領後改轉運司管
元	市舶提舉司		初併鹽運司後隸泉府院後又隸行省
明	市舶提舉司	副提舉一人	中官提督市舶

宋制為提舉市舶司，蓋宋官制，以提舉置前，如提舉茶鹽司，提舉常平司等。

元明，則為市舶提舉司，提舉置後，如元之寶泉提舉司，儒學提舉司，及明之鹽課提舉司等。

清興已無市舶司之設置，自入關以至康熙二十三年（一六四四……一六八四）四十年間，為海禁極嚴之時代，市舶司既廢，海關亦未開設，互市僅限於貢舶。順治初年，僅許外洋之來貢者，於京師會同館開市幾日交易貨品，一時中外貿易，可謂集中於會同館，（明孝宗弘治十一年時，亦有夷人朝貢至京，於會同館開市五日之令，）康熙七年（一六六八，）又定外國人，非進貢之時，不准來境貿易。自康熙二十三年（一六八四，）開海禁以後，始有海關之設立，而昔日之市舶司，一變而爲今日之海關制度，其時設立之榷關有四：一、粵東之澳門；（粵海關）二、福建之漳州；（閩海關）三、浙江之甯波；（浙海關）四、江南之雲台山。（江海關。）

第二節　市舶司之職務

考市舶使所司之職務，一方面稽征番貨；一方面管理貢事，蓋古代海禁甚嚴，外貨來華，均須附貢舶以至。宋史職官志所謂市舶司掌番貨海船征榷貿易之事，以來遠人，以通貨物。元代置市舶司，及榷場，亦所以管理抽分征榷之務，番國奉貢物，亦須報市舶司稱驗。明代市舶，掌海外諸番朝貢市易之事，辨其使人表文勘合之眞僞，則市舶司之兼主貢務，已甚明瞭。明代中葉之互市，禁令頗嚴，惟許入貢各國，帶貨交易，非入貢，卽不許其互市。武宗時，市舶職司，且僅限於進貢方物，其泛海客商，及國滷番舶，非敕旨所載，例不當預領於鎮巡及三司官，蓋其時之所謂市舶，卽貢舶，二者一事。凡外夷進貢者。皆設市舶司領之，許帶他物，官設牙行，與民貿易，謂之互市。市舶爲公，王法之所許，司於市舶，貿易之公也。海商爲王法所不許，不司於市舶，貿易之私也。是則市舶之兼司貢事，與今日海關略有不同，至爲明顯。

市舶司除征抽舶稅外，並負稽查給憑各項責任，凡外商及進貢之來華者，均須由市舶司查驗。而華商之出洋者，亦須由市舶司註册給憑，故市舶司不僅爲征收關稅之場所，亦爲直接管理對外貿易之行政機關，其職權較今日海關之範圍略廣。宋制，由官給引發船。太宗雍熙時，令往番國貿易者，詣兩浙市舶司給官劵。元豐五年以前，廣西瀕海商人，亦須至廣州市舶司處請引，後以其太遠，始罷之。凡商人由海道往外洋貿易者，令以物貨名數，詣所在地召保，由官給以劵，又規定商客出洋貿易，須至所在市舶司處，請公憑（卽貿易之執照）番商方面。崇寧三年，令番商欲往他郡者，從市舶司給劵。元時下番市舶，須由市舶司給牒以往，歸則征稅如制，其公驗公憑由市舶司發給，大船給公驗，柴水小船給公憑，每大船一，帶柴水船八，櫓船各一，驗憑隨船而行，或有驗無憑，或數外夾帶者，卽同私販領憑之法，據至元三〇年公布市舶則法二十二條所載：[六] 諸處市舶司，凡遇冬汛北風發時，從船商經所在舶司陳告，請領總司衙門元發下公據公憑，並依在先舊行關防體例填付，船商願往何邦，所載何物，均須填入，至次年夏汛回帆，赴原請驗憑發船之舶司抽分，不許越投他處，手續稅則完後，聽船商發賣，船商請給公驗，依例召保，所有船中人數，貨物，本船財主，本船某人綱首，人工職務，船隻力勝若干，檣高若干，船長船闊若干，均須詳記，華商外商，均同是例。而船商下海開船之際，市舶司須輪差正官一員，親行檢查，設有不實，檢視官一同處罪；同時規定行省行泉府司市舶司官，亦須預期至抽解處，以待舶船到岸，依例抽收，（見新元史食貨志三〇年之市舶則例）至元貞元年，以船商隱漏物貨者多，又命就海中逆而閱之。元時市舶之制，可謂備矣。明代略同元制，清初海禁未開以前，已無市舶司之制，復無海關之設，出洋貿易者，則由地方官登記人數，船頭烙號，給發印票，由防守海口官員驗票掛號放行，回國時，呈報守口官員註銷。

此外提舉市舶司，亦理番商之赴愬者，周去非嶺外代答卷二，航海外夷條，謂國家綏懷外夷，於泉廣二州置提舉市舶司，故凡番商急難之欲赴愬者，必提舉司也。

第三節　清初之公行

康雍以後，海關業已設立，以前市舶司所掌之征稅稽查事務，雖已歸海關所職掌，而經理貿易行政一方面之實權，則爲所謂「公行」(Co-hong or Merchant Guild)者所專有。其進出口之關稅，且非直接由海關課諸外商，乃由外商對於廣東行商按價與以三厘之利益應納稅則若干，再由該行商等與稅關磋商付給。公行初設於康熙五十九年（一七二〇）爲廣東商人所組織之團體。其實此種特許商人，乃依康熙四十二年（一七〇二年）上諭許可而設，最初爲一人，其後漸次增加，至五十九年始成十三人之公行團體，專負與外商洋行交易貨物之責及價格之規定，由政府給以特權，爲國家經營國外貿易之代理者，或包辦者，享有其時中外貿易之獨占權，獲利甚大，除須繳納政府銀二十萬兩以上外，每年尙須隨時繳納若干，以保持其獨占之權利。

公行經理貿易之法，凡外船進口後，洋行（外人所設）經理者，卽須至公行處接洽，以本船所載貨物種類多少開單報告，並支付一切躉船夫役等費，手續清後，始將貨物運至洋行堆棧，再交由行商轉售，其他洋商與普通華商之直接交易，非經過公行之手者，絕對不許；此外如外人與中國官吏交涉，亦須由公行經手辦理，（限制外國洋行規則八條之第六條）而外人所寓居之洋行房屋，亦不能爲外人所有，須由公行賃之，故其權利之大，無可與比也。

此項公行，雖在廣東一處，然實際上卽握有其時中國國際貿易之全權。蓋一七五九年（乾隆二四年）以後，凡洋商貿易，均限於粵東一港，爲全國國外貿易之總匯聚入口地，故其時之公行，卽可爲中外貿易之總交換機關也。

公行營業，有政府之特許權，爲之後盾，可以自由規定價格，可以任意留難貨船，以是行賄需索，弊端百出，其專利貿易之時期，爲吾國五口通商以前，國外貿易之總管理機關者，垂亙百年之久也。

此外東南海口有牙行者，經營海船外洋貿易，雖不及粵中公行勢力之大，其性質亦與公行略相類似。據乍浦備志所載，海船進口，各投牙行，牙行爲具報單，將船戶所賫來處縣照，赴海防同知署呈驗，上開明船戶水手姓名年號等等，次日領出，赴嘉協右營守備署，登簿續報水陸二口，然後運貨過塘，將部牌並紅單赴海關稅口報驗，紅單載明某商某貨，在某關某口報稅若干，單上有各關鈐記，此其時制度也。

㈠南齊書，王琨傳：「廣州刺史，但經城門一過，便得三十萬也，」卽刺使主徵稅之一證。

㈡唐六典，卷二十二第十三頁。

㈢新唐書，柳澤傳：「開元中監嶺選時，市舶使周慶立造奇器以進，」冊府元龜，則謂柳澤於開元二年，爲嶺南監選使。其時，旣有市舶使周慶立，則市舶使之設，至少當在開元二年以前也。

㈣日本桑原隲藏著提舉市舶蒲壽庚之事蹟，第九頁。

㈤明張燮東西洋考卷七，載：「隆慶六年，議征商稅，以及賈舶，賈舶以防海大夫爲政，又卷八第十三頁，謂明初有提督市舶宦蒞閩。宣德、正統、弘治間，均派遣內官，然市舶之設，是主貢夷及夷商來市者，與今漳稅不同，」（漳稅，卽海防同知管理之引稅。）

㈥元典章，戶部八，市舶則法，二十二條。

第四章　關稅徵收及市舶之收入

第一節　關稅之制度

徵稅之制，歷朝各有不同，在清初以前，大多爲抽解抽分之法，並無輸入稅輸出稅之分，均爲稅於輸入品之性質，番商帶貨來華，按例徵稅，華商往外洋貿易，亦於回帆時，徵其入口貨稅，未聞有出口稅之名。唐時，廣南貿易番舶泊步有下碇稅，以徵收外國輸入之物品，其率爲十分之三，㊀番舶始至，先由漕帥市舶官閱貨，有閱貨宴之名，㊁閱貨後，卽征抽之，又有舶脚，（有謂泊脚卽下碇稅者）收市進奉等名目，加於嶺南、福建、揚州之番客，此外不得重加稅率，宋時亦沿其制，凡船至者由帥（唐爲節度使，宋爲經略安撫使）漕（卽轉運使）與市舶監官莅閱其貨，而後征之，謂之抽解或抽分，卽於番貨內抽出幾成以爲官有之意，卽所謂輸入稅也。唯所徵者，爲貨物，而非錢幣，凡未經抽解敢私取物貨者，雖一毫皆沒收之，一方面可以禁止漏稅；一方面可以免除貴重物品之隱匿不報，法令綦嚴，故商人皆不敢犯，驗貨抽解之法，歷唐宋元三朝，均以此爲徵稅之第一步。北宋時，又有「呈樣」之名，向例番舶抵郡，犀象香珠之屬，悉選以充獻，曰呈樣。㊂此外如博買者，則以金銀或貨物和買番貨之謂，卽官府收買之意也。其交換比價，大概由官規定。宋時舊制，舶貨抽解所得，以其貴細者計綱上京，歸之內府，餘均本州打套出賣，以換成錢幣。至大觀時（一一〇七左右）市舶法更改，盡令計綱，高宗建炎元年（一一二七）仍復舊法，綱之計數，初時陸路以三千觔爲一綱，水路以一萬觔爲一綱，海舶之總其事者名爲綱首，蓋卽買辦之謂，以巨商爲之，又有副綱首，及雜務等名，貨之粗細分綱亦有不同，細色綱，爲龍腦珠之類，每一綱五千兩，麄色如象犀紫礦紫檀香之類，每一綱一萬觔。徽宗大觀以後，象犀紫礦，皆作細色起發，以舊日一綱，分爲三十二綱。乾道七年（一一七一）廣南起發麄色香藥等物貨，每綱二萬觔，加耗六百觔，至孝宗淳熙二年時（一一七五），福建廣南市舶司麄細貨物，均以五萬觔爲一全綱。

抽解成數（卽關稅稅率）亦有定例，番貨至華，依例抽解，華商至番邦博買，回帆時，亦由官抽解。唐貞觀中詔舶貨抽解一分，取十分之一。宋太宗時，市舶立抽解二分。仁宗時，杭州、明州、廣州海舶至者，視所載十算其一，而市其三。高宗紹興十四年（一一四四）定抽解四分。紹興十七年（一一四七）以四分太重，詔三路舶司，凡番商販到龍腦沈香丁香白豆蔻四色者，並抽一分，其他貨物，抽解等差似依舊法十五取一，犀牙十分抽二，又博買四分，眞珠十分抽一，又博買六分。孝宗隆興六年（一一六四），改爲一律十分抽一，又回復什一之制矣。又以舶戶懼博買數多，止買麗色貨物，又定象牙珠犀於十分抽一之外，更不博買，重規定只於發舶處抽解，不許隨便住舶變賣。孝宗淳熙二年，詔廣州市舶除榷貨外，他貨之良者，止市其半。海船至，十先征其一，價値酌番貨輕重而差給之。據知慶元府胡榘劄子所載，謂宋時舊法，於番舶販到物貨內，細色五分抽一分，粗色七分半抽一分，後以舶商不來，不分粗細，優潤抽解，高麗日本船，綱首雜事十九分抽一分，餘船十五分抽一分，起發上供，胡榘知慶元府爲理宗寶慶三年，故宋末四明方面之稅率，又較他處爲輕也。

抽解所得，量多如乳香等，多由諸路分賣，間亦召人算請。高宗紹興元年（一一三一）詔廣南市舶司抽買到香，依行在品打成套，召人算請，其所售得之價，每五萬貫，易以輕貨，輸行在。孝宗淳熙十二年，（一一八五，）分撥榷貨務乳香，於諸路給賣，每及一萬貫，輸送左藏南庫。十五年（一一八八，）以其擾民，亦令止就榷貨務，招客算請。

上爲福建廣東沿海口岸之稅率，此外如欽州之博易場，（通交趾等地）其稅率則爲百分之三，所徵者爲錢幣，納稅者爲中國商人，向例凡中國富商販蜀錦易香者，始至，各以其貨互緘，踰時而價始定，既緘之後，不得再與他商議。其始議價，兩方面價目相去甚遠，互相抑揚，然後兩平，由官爲之秤香交錦，以成其事，既博易後，官止收華商之征，約貨爲錢，多爲虛數，謂之綱錢，每綱錢一千爲實錢四百，卽以實錢一緡，征其三十，爲一種從價稅，無論蜀錦出口，或香入口，只於博易成交時，一併征之，手續簡單，爲出入口合併之稅，或交易稅之性質也。

元初抽分之例，一沿宋制，船貨細者稅重，於二十五分中取一，粗者稅輕，三十分中取一，漏稅者沒收，以市舶官主之，同時規定於每年招集舶商，於番邦博易珠翠香貨等物，次年迴帆，依例抽解，然後聽其發賣，考其時，客船自泉州福州販土產物，所徵亦與番貨相等，至至元十四年時，（一二七七，）上海市舶司招船提控王楠以爲言，乃定雙抽單抽之法，雙抽者番貨之徵也，單抽者土貨之徵也，卽番貨之征倍於土貨，故元初對於土貨有相當之優待，雖無保護政策之名，亦略有保護稅之性質。自是以後，抽例屢有變更。至元十八年（一二八一）規定商賈市舶，已經泉州抽分者，諸處貿易，止令輸稅，（納其時之商稅）不再抽分。至元二十年（一二八三）定市舶抽分例，抽貨精者，取十之一，粗者取十五之一。㊃至元二十九年，中書省又定抽分之數，（新元史謂爲二十八年）及漏稅法，凡商旅販泉福等處已抽之物，於本省有市舶之地發賣者，（卽轉販已納稅之舶來品於有市舶之地發賣者）細色於二十五分取一，麤色於三十分之中取一，免其輸稅，其就市舶司買者，止於賣處收稅，而不再抽。漏船貨物，依例沒收。至元三十年（一二九三），又會集各處行省官行泉府司官並留狀元及李晞顏等，同擬議市舶則例二十二條，㊄規定抽分之例，麤貨十五分取一分，細貨十分取一分，並依泉州現行體例，從市舶司更於抽訖貨物內，以三十分爲率，抽舶稅一分，聽船商任便貿易，此外如官船者，（見前第二章第三節內）給本選人下番，於迴帆時所獲息錢內，以十分爲率，官取其七，所易人得其三。仁宗延祐元年（一三一四），又規定官船官本商營者，於貿易迴帆之日，細物十分抽二，粗物十五分取二。

明興，稅法略有不同，已無抽分之法，改爲量船丈抽，略有船鈔之性質，或卽謂爲船貨並徵之全部進出口稅亦可。而是時納稅，亦改爲徵收銀兩矣，丈抽之例，改定於穆宗隆慶五年（一五七一）是時以前，爲報貨計取，後以外商報貨奸欺，乃定丈抽之法，按船大小，西洋船定九等，丈抽三分，東洋船定四等，至萬曆二年（一五七四）時，又規定凡販東西二洋雞籠淡水（台灣）諸番及廣東高雷州、北港等處商漁船引，申海防同知官管理之。每引納稅銀多少有定額，名曰引稅，卽華商下番回國入口時之徵稅。東西洋每引稅銀三兩，後加增爲六兩，雞籠淡水，稅銀一兩，後增爲二兩，又有船稅，充軍餉，歲以六千兩爲額，每請引，以百張爲率，盡卽請繼，原未定其地點，而限其船。十七年，東西洋賈舶，歲限八十八，給引如之，後以引數有限，而願販者多，增至一百一十引，其徵稅之規有（一）水餉，（二）陸餉，（三）加增餉三種。

（一）水餉　以船之廣狹爲準，西洋船面闊一丈六尺者，每尺徵餉銀五兩，每多一尺，加銀五錢，如一丈六尺闊之船，應徵銀八十兩，一丈七尺者，則每尺徵銀五兩五錢，應徵銀九十三兩五錢，其表如下：

引稅稅率表

（船面闊度）	（每尺抽率）	（一船應徵銀數）
一丈六尺	五.兩	八〇.兩
一丈七尺	五.五	九三.五
一丈八尺	六.〇	一〇八.
一丈九尺	六.五	一二三.五
二丈	七.〇	一四〇.〇
二丈六尺以上	一〇.〇	二六〇.〇

東洋船頗小，量減西洋船十分之三。

雞籠淡水地近船小，每船面闊一尺，徵水餉銀五錢。

納稅者，船商。

（二）陸餉　初時以貨之多寡計值徵稅，(Ad Volum)胡椒蘇木等項，值銀一兩者，徵餉銀二分，（值百抽二）後萬曆十七年時，以時價不等改爲從量抽稅，貨品共分三十八種，每種內，又有品質上下成器與不成器之分，稅率輕重名有不同。如：

胡椒每百斤	稅銀	二錢五分
蘇木（東洋木小）每百斤稅銀		二分
（西洋木大）每百斤稅銀		五分

後於萬曆四十三年，將稅率減低，（胡椒百斤爲二錢一分六）貨物種類，又加分三十一類，共爲一百一十四種，小番雞籠淡水，如東西洋之例。

納稅者，爲舖商。

（三）加增餉　東洋中，呂宋。因地無出產，番人索用銀餅易貨，船多空回，卽歸船，除銀錢外，無他物，卽有貨亦爲數極少故商人回澳，征水陸二餉外，屬呂宋船者，每船另追銀百五十兩，謂之加征，因無貨可征，追徵其銀也。加增餉於萬曆十八年時，量減至百二十兩。

丈抽法例，至清康熙初年，仍沿隆慶五年之舊制。康熙二十四年（一六八五）始減洋船丈抽，蓋以往日多載珍奇今係雜貨，十船不及一船，同昔等級，不甚公平，故於原減三分之外，再減二分，洋船至廣州輸稅之法，定例每船按樑頭徵銀二千兩左右，再照則例，抽其貨物之稅，其法船貨並稅，雍正末年，於額稅之外，又將洋船所攜置貨現銀，另抽一分之稅，謂之繳送。至乾隆元年，始裁撤之。

考清代自開國起，至道光二十二年南京條約止，治關稅史者，多謂此為關稅國定時期，蓋此時期中，關稅制度略具規模，而徵收稅則之無上實權，又全在中國官吏之手也。其時法定所徵取之關稅，有船鈔，進出口正稅，附加稅三種。

（一）船鈔　船鈔即沿明代之制度，為課洋船出入之特稅，最初船鈔分為三等，一等船徵銀三千五百兩，二等船徵三千兩，三等船徵二千五百兩。至康熙三十七年，改為按丈量計算，亦分三等，一等船每一單位，課銀七兩七錢七分七厘，例如船長七丈五尺，闊二丈四尺，相乘為十八丈，徵船鈔一千四百兩。二等船，每一單位，課銀七兩一錢四分二，如長七丈闊二丈二尺之船，徵銀一千一百兩。三等船，每一單位，課銀五兩，如長六丈闊二丈之船、徵銀六百兩。

（二）進出口正稅　康熙間制定則例，進口正稅，稅率四分，（值百抽四）出口正稅稅率，值百抽一・六分衣服、食物、用物、雜物、四類。雍正六年以國內物價騰貴加出口稅正稅一分，爲值百抽二・六。

（三）附加稅　按正稅加徵一二成，視貨物貴賤而爲等差。

此外另有手續費及其他不合法之征收及賄賂極多，弊端百出，每種貨物之徵稅，雖合法者，僅有三種，實際上舶商所繳納者，尚在十數倍以上也。加之，清代自海禁開後，雖有四海關之設，然各關徵稅，又輕重不同，粵關極盛，索費亦重，其時常有粵重閩輕之語。其後清廷政策，四關併入粵東一港，外洋商舶以粵港爲總出入之地，爲禁止外商貿易於福建等地計。於是浙閩正稅，又視粵關則例，酌加一倍（乾隆二十年）使洋商無所利而不來，向例洋船來華，船貨並稅，唯澳夷（葡萄牙）但有輪船鈔一項，乃未幾，關吏與洋行，因緣爲奸，有取之十倍或二十倍於前者，當初定課稅規費每兩抽三分，以作洋行經費，繼而軍需出其中，貢價出其中，各商攤還西債出其中，遂有「內用」「外用」之名目，其他如「規費」「支銷」「歸公」「充餉」種種名目，一時並起。其時之稅，據嘉慶時，大班控詞，謂棉花一石價值八兩，向例行用二錢四分，連稅銀不過四分，（初定稅則每兩不過二分爲百分抽二）其後每石行用加至二兩，幾十倍之矣。又言茶葉稅餉二兩五錢之外，洋行會館，每石抽費六元至九元不等，計茶葉出口之價，不過三四倍於八兩一石之棉花，可見五口通商以前，抽稅奇重，雖關稅自由足以控制外商，然大多係雜費及私賄，且出口入口無大區別，如棉花茶葉，即其一例，反足以阻礙本國商業之發達也。

第二節　市舶之收入

宋初徵稅之收入，尚不以爲利，自太宗立抽解二分以後，始有利，然爲數甚薄。神宗熙寧時，船商已居東南收入之一。㈥迨崇寧時，市舶抽解變法，經畫詳備，收入始增，茲取其收入之可考者，列出於下：

太宗太平興國元年，創榷易署時，得利　三十萬緡㈦
仁宗皇祐中，杭明廣三州歲入總數　五十三萬餘

英宗治平中，杭明廣三州歲入總數	六十三萬餘㊇
神宗熙寧九年，杭明廣三州市舶	
本年收錢糧銀香藥等	五十四萬一百七十三
支出	二十三萬八千〇五十六
哲宗元祐元年	同上數
哲宗元符以前，十二年間收置	五百萬緡
徽宗崇寧間九年間，收置	一千萬
高宗建炎二年至紹興四年泉州市舶利得約	九十八萬緡㊈
高宗紹興十七年三路市舶司抽解與和買每歲	二百萬緡
高宗紹興二十九年三市舶司歲抽及和買約	二百萬緡㊉
孝宗淳熙間歲獲	五十餘萬

由上觀之，可知宋代中葉，市舶收入，在四五十萬至二百萬之間，均爲國家常賦以外之收入，南

渡後，市易之利，尤博縣官一切經費，皆倚舶稅收入。當建炎時，大食番客所販貨物，乳香一項，已值三十萬緡，而番舶綱首蔡景芳，自建炎元年至紹興四年八年之間，共收舶貨息錢九十八萬緡，平均計之，每年可獲利十二萬緡以上，不可謂不多，宋代抽解收入之多，於此亦可推及，至與全國貿易和好後，設権場三處，其歲入亦百餘萬緡。

元時，市舶之利亦大，如至元二十六年，江淮行省平章沙木鼎，請上市舶司歲輸珠四百斤，金三千四百兩之多。至於市舶之司其事者，上下求索，孔竇百出。每番舶一至，衆皆懽呼曰，亟治廂廩，家當來矣。爲利之厚，可以想見。㊉

市舶之利，明代甚盛，收入無考。當嘉靖時，粵東文武官吏，月俸多以番貨代，巡撫劉富上言，謂粵中公私諸費，多資商稅，番舶不至，公私皆窘，可知其時之市舶收入，已足以左右粵中之財政也。

萬曆時之引稅船餉收入，原規定歲額六千。萬曆四年（一五七六）時，稅收爲一〇、〇〇〇，兩溢出原額四千兩。十一年（一五八三）收二〇、〇〇〇兩以上。二十二年（一五九四）收二九、〇〇〇，兩均逐年增加。三種餉收，於萬曆二年至二十七年時，用途專供漳泉各州之兵餉。二十七年，始解內府。四十一年，詔減關稅三分之一。四十三年，量減各處稅銀，漳州東西二洋稅額二萬七千〇八十七兩餘，減爲二萬三千四百兩。

清初稅收，於乾隆時，以閩關爲最蓋其時，粵關太重，洋商多趨寧波等地貿易，如英吉利常往來於舟山寧波等處，不敢至粵。當浙海關初設時，收正額樑頭貨稅銀三萬二千〇三十兩六錢二分，加入長江稅銀一百二十七兩一錢一厘八，徵絲稅銀五十二兩二錢，出收三萬二千二百十兩四錢三分八。除工食用項二百五十八兩外，淨解藩庫三萬一千九百五十二兩四錢三分八，以爲定額，贏餘另報。至雍正六年（一七二六）額徵外，報收贏餘銀五萬四千餘兩。七年至八年，又報實徵贏餘銀五萬九千六百兩有奇，贏餘者，正額以外之溢收也。清初定有正額，後貨盛商多，遂有贏餘，司權者，競苛求以取勝，於是贏餘一項又「有比較上三屆最多年份」之例，見好者日有增加，缺數者，亦時賠累。嘉慶時始核減「三屆最多年份」之例，永停不用。茲將嘉慶四年，核減贏餘數目，列出於下，⑬亦可窺及五口通商以前，舶稅收入之大概矣。

粵海關　　八十五萬五千五百兩⑭

閩海關	十一萬三千兩
江海關	四萬二千兩
浙海關	四萬四千兩

㊀ 桑原隲藏著宋末提擧市舶蒲壽庚之事蹟，第二五六頁，謂「唐時代之關稅率，據阿剌伯人所傳，當時，支那政府，徵收外國輸入貨之十分之三之關稅，即唐代之下碇稅。」

㊁ 屈大均廣東新語，卷十五，第三十五頁。

㊂ 屈大均廣東新語卷十五。

㊃ 據續文獻通考，謂至元二十年，市舶抽分精者取十之一；粗者取十之五。若是，則精者稅輕，粗者反重，與前後年間所定稅率之標準，不合，元史內無此條，僅有「元仍宋舊精者，取十之一；粗者，取十五之一。」想續文獻通考內。「粗者取十之五，」一語乃「取十五之一」之誤也。

㊄ 市舶則例，二十二條，見元典章戶部八。

㊅ 宋史，食貨志，五年，詔發運使薛向語。

㊆ 宋史，卷二六八，張遜傳。

㊇ 宋史食貨志，謂是年，又增十萬。

㊈ 李心傳建炎以來朝野雜記，甲集卷十五，市舶本息條。

㊉ 李心傳建炎以來繫年要略卷一八三，紹興二十九年，九月條。

⑪ 元姚桐壽樂郊私語，第十三頁，（學海類編本）

⑫ 錄自姚元之竹葉亭雜記卷二，第十五頁。

⑬ 清戶部則例卷三十九，亦謂，粵海關舊例，盈餘按年額徵銀八十五萬五千五百兩，……洋稅（即洋裝運貨物者）無定額。同治以前，每年約徵銀一百餘萬兩。

第五章　歷朝之通商口岸

第一節　唐代以前之通商口岸

吾國古代之通商口岸，海道則有市舶，陸路則有榷場。唯唐以前，以無專司之設置，難於稽考，大略最重要而互市最多之可信地點，有二：

（一）廣州　廣州爲吾國東西交通最初之孔道，故互市亦較他處爲最先。當漢初時，廣州爲南粵之地，與夜郎等地交易貨品，前漢書西南夷傳所載，謂：

「漢使番陽令唐蒙風曉南粵，南粵食蒙蜀枸醬，蒙問所自來，曰道西北牂牁江，江廣數里，出番禺（廣州）城下，蒙歸問蜀賈人，獨蜀出枸醬，多特竊出市夜郎，夜郎者臨牂牁江。」

故是時，廣州已爲南粵互市及貨物入口之地點，又史記貨殖傳謂「番禺一都會，珠璣犀瑇瑁果布之湊，」珠璣犀等，爲吾國古代外洋入口之主要品，亦其一證。魏晉間，西人之來華者，亦由廣州。晉太康二年（二八一），大秦國由廣州獻珍㊀。梁武帝天監時，王僧孺爲南海太守，每歲海舶數至，外國賈人以通貿易；蓋其時，廣州所謂包山帶海，珍異所出，一篋之資，可資數世，貿易之盛可知也。

（二）巴蜀　巴蜀亦爲漢時與西南夷互市最盛之地，而商賈亦以巴蜀人爲最占勢力，亦如今日之閩廣商人，唯其時期，不及廣州之長久耳。前漢書西南夷傳謂「巴蜀民或竊出商賈，取其筰馬僰僮旄牛、以此巴蜀殷富。」又載：「元狩元年，博望侯張騫言使大夏時，見蜀布邛竹杖，問所從來，曰從東南身毒國，可數千里，得蜀賈人市。」可知巴蜀已有賈人市，爲西南夷互市之所也。西南夷人亦入蜀爲傭，冬來而夏返㊁。又南齊書芮芮傳稱：「芮芮獻獅子皮袴褶，時有賈胡在蜀見之。」均可爲賈胡入蜀之證。

此外如張掖，亦爲西域與華夏貿易之地。隋煬帝時，西域諸番，多至張掖與中國市易，由裴矩掌其事。三國時，大秦商賈之東來水道，亦通益州永昌。永昌古蜀地，在雲南境。

唐時之互市地點，有廣州、揚州、泉州各地，而置市舶司者，似僅有廣揚二埠。據九世紀時，阿剌伯地理學家伊般哥達比 (Ibn Khordadbeh) 所著之道程及郡國志，謂中國當時之通商口岸有四：南曰 Lonkin；稍北曰 Khanfau；更北曰 Djaufau；最北曰 Kantou。經諸學者及桑原隲藏之考證，斷爲龍編（安南）廣州泉州江都四埠，故其時之通商口岸，有龍泉廣揚數地，毫無疑義。

（一）廣州　廣州自歷史上之淵源，久爲西南洋諸國貿易之地，故唐時，爲國際商業之重要地點，乃必然之事實。開元時，已設有市舶使之專官，以收商舶之利，李勉拜嶺南節度使（肅宗時）廉潔不暴征，西南夷舶，歲至四十柁，公私以濟，李肇國史補謂南海舶，外國船也。每歲至安南廣州，均可證明。而伊般哥達比亦謂四口岸之中，以廣州爲最大，蓋其時貿易之集中點。又黃巢陷廣州時，回耶教徒，死者十二萬人。又眞人元開撰唐太和上東征傳，廣州條，謂西江中有波斯波羅門崑崙等船，不計其數，尤可想見其時貿易之盛矣。

（二）揚州　揚州在唐代，以鹽政及漕運之關係，加以運河開通，扼南北交通之咽喉，爲其時之一大商業都會，俗好商賈，不事農業㊂以是大食波斯胡人之流寓此間者極衆。揚州胡店甚多，以珠寶爲業，亦可謂爲中西珠寶互市之匯萃地㊃置有市舶使。㊄文宗太和八年（八三四）上諭，有嶺南福建及揚州番客宜委節度觀察使常加存問之語，唐書鄧景山傳謂大食波斯賈胡，多聚於揚州，亦可爲番商居留揚州之一證。又鄰近之洪州廣陵豫章等地，亦常有胡人販賣珠寶之足跡，而洪州尤盛，亦爲其時江淮間之一都會。

（三）龍編　龍編，卽安南之河內，爲其首府。唐宋以前，屬中國內地，吾國自漢武以來，西南外夷之朝貢，必由交趾之道。唐時，置安南都護，大食、波斯、猶太人等，均以此爲來華之起點，由此往廣州，更進而至泉州，更進而至揚州；故安南爲其時通商口岸之一，亦自然之事實也。交州，在唐時之國外貿易甚盛，陸宣公奏議，謂嶺南節度使奏，近船舶多往安南貿易，卽其一證。

（四）泉州　泉州以濱海關係，且爲中日間及朝鮮往來之要道，海船頗多，外番貢使，亦多至此登陸者。如天祐時，三佛齊使者蒲栗訶至福建，（唐會要卷百所載）又如乾寧三年，授王潮威武軍節度使，制中有閩越之間島夷斯雜之語，可知泉州亦爲唐時之一繁盛商埠也。

此外明州、楚州（江蘇淮安）蘇州、松江口、福州、常州、台州，亦爲與日本貿易船舶出入之地，日支交通史載，蘇、揚、明、楚等地，爲日本遣唐使所至之地，又自唐文宗開成四年至唐亡時，數十年間，日皮商船之往來停船地點，爲明州、楚州、蘇州、松江口、福州、常州、廣州、台州等地，以明州爲最盛。

第二節　宋代之通商口岸

宋代之通商口岸，約有十五，設市舶司者九。

（一）廣州　太祖開寶四年（九七一）平廣南時，置市舶使，由州郡兼領，宋史卷四八九外國五謂「七年，占城遣使乘象入貢，詔留象廣州畜養之。」又至道元年，奏內言「本國有流民三百，散居南海，蒙聖旨放還，唯今猶有在廣州者。」又宋史闍婆女國，由交趾至廣州。又宋史摩逸國，於太平興國七年，載寶貨至廣州，又至道元年，大食船至蒲押陁黎，謂其父蒲希密，因緣射利，泛舶至廣州，迄今五稔，不得歸，均史料中之可證者。

（二）杭州　咸平二年（九九九），置市舶，曾廢，徽宗崇寧元年，（一一〇二）復置。孝宗隆興時，市舶分建五所，此其一（臨安。）

（三）明州　咸平二年，（九九九）置市舶，曾廢，崇寧元年，復置，有謂市舶司創於淳化三年（九九二）者，徐兆昺四明談助卷二十八，謂道光七年秋，掘得市舶司記及來安亭記之斷碑各一。來安亭爲宋時賈舶至檢覈之所，市舶司記之殘文內有「甬東舶司，創於淳化三年，以迄於今，凡二百三十餘年。」唯又謂市舶司，於淳化元年初置於定海縣者，或三年之說，乃初置於寧波之謂歟」

孝宗隆興時，兩浙市舶，分建五所，此其一。

宋史卷四八七，神宗七年，高麗遣其臣金良鑑來言，欲遠契丹，乞改塗明州，從之。故明州亦爲宋時通高麗之要道，卽明州與高麗禮賓省以文牒往來，相酬酢，亦皆由賈舶通之。

宋史日本國傳，謂日本商舶，入口最多者，爲慶元府。

宋史闍婆國，六十日至明州定海縣，此地有掌市舶監察御史。

（四）泉州　哲宗元祐二年（一〇八七）置市舶，與州郡獨立。宋史食貨志，謂元祐三年，置密州市舶，前一年，增置市舶司於泉州。文獻通考職官考，亦謂哲宗卽位之二年，始詔泉置市舶。

宋史勃泥國入貢，由泉州乘海船歸國，可知泉州此時已通西南洋諸國。

宋史儒林傳謂：「先是泉州番船，畏苛征，歲不三四，眞德秀知泉州，始寬之，驟增至三十六艘。」又職官志七提舉常平茶馬市舶等職條謂：「孝宗乾道元年（一一六五），臣僚上奏，福建（泉州）廣南，（廣州）皆有市舶，物貨浩瀚，置官提舉實宜。」又據日本桑原隲藏蒲壽庚之事蹟一書謂：「當時就於支那南海之貿易港中，泉廣二州，尤稱盛大。以後公牘，多稱泉廣市舶司，以代三路舶司之名，蓋乾道以來，泉廣二府，實主南海之貿易」可知宋代中葉以後，泉州貿易之繁盛實不亞於廣州也。

泉州亦有日本之貿易，宋史日本國傳，謂日本商船，亦有至泉州者。

（五）密州　神宗熙寧中，密州置市舶司。神宗元豐中，范鍔請置密州市舶司板橋鎮抽解務。元祐三年，置密州板橋市舶司，以通京東河北河東等路貿易。

（六）温州　孝宗隆興時，兩浙市舶，分建五所，此其一。

（七）秀州　今松江，孝宗隆興時，兩浙市舶，分建五所，此其一。

（八）江陰軍　高宗紹興十五年（一一四五），置江陰軍市舶務，孝宗隆興時，兩浙市舶，分建五所此其一。與日本貿易商船亦有在此停舶者。

以上爲置有市舶司之地點。

（九）黎州　孝宗淳熙時，塞外諸戎販珠入黎州，令止商賈百姓收買，禁官吏市番商物。大理互市地，宋史卷四八八，「自是大理復不通於中國，間一至黎州互市。」

（一〇）賓州　大理與宋交通以此爲匯聚地。宋史卷四八八，「政和五年，詔廣州觀察使，黃鄰置局於賓州。」

（十一）登州　高麗往來貿易之地，宋史卷四八七，「神宗七年以前，高麗往返，皆自登州。」

（十二）邕州　邕州有橫山寨博易場，及永平寨博易場，蓋中國通道南蠻，橫山寨爲必由之道。而永平寨，與交趾僅隔一澗。橫山寨，爲宋時買馬入境之地，馬產於大理。自元豐間，卽置員於此，司買馬之事。紹興三年，置提舉買馬司於此，由馬市而引起互市，蠻人所齎爲麝香、胡羊、長鳴雞等。中國商人所齎爲錦繒豹皮文書及奇巧之物，由譯者平價交市。永平寨，由永平知寨主，管博易之事。

（十三）欽州　欽州有博易場，在城外江東驛，凡交趾生生之具，悉仰給於欽，舟楫往來不絕，貿易有大綱小綱之別，國中富商來博易者，必自其邊永安州移牒於欽，謂之小綱，其國遣使來欽，因以博易，則謂之大綱。吾國富商之來此者，多爲販錦易香，其徒則作小商日與交人博易物品，蓋藉此以自給也。

欽州爲海北出產沈香貿易滙聚之地。宋范成大，桂海虞衡志謂：「沈香之出北海者，生交趾，及交人得之海外番舶，而聚於欽州，謂之欽香。」又謂：「光香與箋香同品第，出海北，及交趾，亦聚於欽州。」

（十四）廉州　紹興二年，臣僚言，邕、欽、廉三州，與交趾海道相連，無賴者，販賣人口，貿易金香，亦爲宋與交趾互市之地。

（一五）洪岩　宋史卷四八八，祥符三年，交趾又求互市於邕州，本道轉運使以聞，上曰，瀕海之民，數患交趾爲寇，仍前止許廉州及如洪岩互市。

對於北方貿易，則有沿邊榷場，考榷場起源於遼代。遼太祖三年，（九一八）置羊城於炭山北，以通市易，爲榷場之始。統和二十三年，（一〇〇五）置振武軍及保州榷場，所通交易各國，有高麗、女眞、烏舍、鐵離、靺鞨等國。金時亦置榷場於燕子城北羊城之間，以易北方畜牧。熙宗皇統元年，（一一四一，）與夏立榷場互市，以珠玉易絲帛，初設於保安蘭州，後以無所產而稅少，乃另改於綏德、環州設置。承安二年（一一九七）復置保安蘭州榷場。宋代太平興國二年（九七七）於鎭、易、雄、霸、滄州置榷場，通北番，以前雖聽沿邊貿易，未有官署，至是始令於此五州設立之，尋罷。太平興國七年（九八二）置榷場於靜戎軍。淳化二年（九九一）復於雄、霸州、安肅軍置三榷場。眞宗景德二年（一〇〇五）令於此三榷場外，北商趨他路者，勿與爲市，又於廣信軍置場。仁宗時（一〇四四）保安鎭戎二軍置榷場，通夏，保安軍後徙順寧寨。熙寧三年（一〇七〇）置市易司於秦鳳路古渭砦。六年（一〇七三）置市易於蘭州、慶州、渭延等州。高宗紹興四年（一一三四）川、陝、永康軍威、茂州置博易場。十二年（一一四二）置盱眙軍榷場，二十九年（一一五九）除盱眙軍外，榷場均罷。

第三節　元代之通商口岸

元代之通商地點，如下已置市舶司者有七：廣州、泉州、上海、澉浦、溫州、杭州、慶元，後併爲三，廣州、泉州、慶元。

（一）廣州　市舶司，仍宋舊例。

（二）泉州　至元十四年，立市舶司。

元史四夷傳：「三嶼國近琉球，人民時有至泉州爲商賈者。」宋末元初，泉州極爲繁盛，吳自牧夢粱錄謂「若欲船泛外國買賣，則自泉州便可出洋，」而其時通東西南洋各國之路程，亦以自泉州起計算若干更（一晝夜爲一更）爲標準。故泉州已爲其時通商之總門戶，凌駕廣州而著名之西域人蒲壽庚，亦卽其時之泉州市舶司也。

（三）上海　至元十四年，立市舶司，由福建安撫司督之。大德時，併入慶元。

考上海於宋時，似即有市舶務之設。同治上海縣志謂上海，宋時屬秀州，隸兩浙路。熙寧七年，設市舶提舉司及堆貨場，是爲上海鎭。又謂受福亭在市舶司西北。宋市舶司董楷記曰：「咸淳五年八月，楷奉命市舶司。」咸淳爲度宗末年（西歷一二七二），可知宋末上海已有市舶司之設。海關條例則謂「宋政和末（徽宗時一一一七）置務，設官於華亭。元至元十四年，立市舶司。」又上海縣志有上海圖說，謂古上海鎭，隸華亭，高昌鄉之西，爲宋時上海鎭市舶提舉司地址，於熙寧七年立鎭。紹興二十九年罷市舶。又西曰青龍鎭市舶提舉司地址。宋大觀元年，以鎭治水利，兼領市舶。元至元九年罷，屬上海，青龍鎭之南，即唐之華亭縣。按宋時之通商口岸，秀州亦爲其一。而秀州之通商地點，大約即在其所屬之上海華亭一帶也。（六）

（四）澉浦　今海鹽，至元十四年，立市舶司，由福建安撫司督之。大德二年，倂入慶元。

（五）溫州　至元三十年，倂入慶元。

唯據樂郊私語（第十三頁）謂宋嘉定間，置有騎都尉，監鹽課。至元三十年，始置市舶司。

（六）杭州　至元三十年，倂入稅務，無市舶司之置矣。

（七）慶元（四明）　今寧波。至元十四年，立市舶司，由福建安撫司督之。仁宗延祐四年（一三一七），命王克敬往四明監倭人貿易。徐兆昺四明談助謂「元陞慶元府爲路，內有市舶提舉司，又有市舶司舊址，及元市舶庫以貯抽分之物。」

（八）乍浦　在未析縣以前，屬海鹽，析縣以後，屬平湖。鄒氏乍浦備志謂「乍浦海口閘，在天妃宮後。元時開接番舶，海舟由此閘，乘潮而入。」

此外對北方之貿易，元世祖中統元年，立互市於潁州，漣水光化軍。二年，立高麗鴨綠江西互市。三年，罷之。至元十四年，於碉門黎州，置榷場與吐番通貿易，二十七年，立新城榷場。

第四節　明代及清初之通商口岸

明代對外貿易甚多，外商之來華者亦衆。以是沿海各地，多有外船之停泊，未設市舶司之地，卽以海防同知官管理之。茲將通商各口岸，列表於左：

（口岸名）	（市舶司設置之年月）	（所通外洋各國）
太倉黃渡鎮㊆	洪武初設置三年罷	通高麗日本
廣州	洪武時置市舶司	通占城暹羅爪哇渤泥西洋諸國
泉州	洪武時置市舶司	通琉球三佛齊亦來此
寧波	洪武七年置市舶司	專爲日本入貢帶有貨物交易者
乍浦	明嘉靖十六年設爲海上三關之一（下關）	通日本琉球安南暹羅呂宋爪哇等地
高州電白縣	正德三年由廣州移此	通暹羅占城爪哇琉球渤泥諸國
濠鏡澳門	嘉靖十四年由高州電白縣移市舶司於此	明代太西洋人貿易根據地自嘉靖至崇禎年爲佛郎機人貿易之總根據地明史及中西紀事

		海國圖志均載
交趾雲屯	雲屯卽雲南永樂六年（一四〇八）設市舶司 交趾本秦漢以來中國郡縣之地宋初封爲郡倘受中國官爵至明孝宗時始封王稱國	理西南諸國朝貢事
澎湖	無市舶司	明萬曆時荷蘭貿易根據地築城而守
漳州	無市舶司	福建通志載「正德十二年後諸番夷船不來粵潛市漳州」

上列地點，除廣州、泉州、寧波等地外，太倉乍浦，亦占極重要之位置。

太倉　太倉一地，雖市舶司，旋置旋廢。然自元至元以來，卽爲重要之通商口岸，地屬蘇州崑山縣治東南三十六里，有太倉塘及崑山塘，總稱之爲婁江。太倉舊志載：宋時，潮汐不通。至元時，婁江不浚自深，潮汐兩汛可容萬斛之舟，每歲糧船，必由此入海，爲其時入海之要道。以是元明時代，東南之國際貿易，以此爲最要口岸。元至元十九年，宣慰朱淸張瑄，自崇明移居太倉，創開海道漕運，而海外諸番因得於此交通市易，是以四關居民，閭閻相接，糧艘海船，蠻商夷賈，輻湊而雲集，當時謂之六國碼頭，可想見其盛。龔璛記新州學云：形勢帶江控海，商賈之區，漕州之津，或以海邦樂土稱之，（見桑悅太倉州志）袁華子英送市舶官詩謂：「婁東太倉吳要津，襟帶粤閩控蠻荆，賈胡夷蜒貢贄深關譏互市十一征。」可想見當時之風景，且可知太倉之有市舶官。永樂七年，鄭和通西洋，卽由太倉劉家港開船。

乍浦　乍浦於明季及清初，爲通外洋重要海口之一。明嘉靖三十六年時，海上三關，爲海鹽、澉浦、乍浦三水寨。其時適在倭寇稍平之後，因設關固守，海鹽爲中關，乍浦在西海口，爲下關，在澉浦者，爲上關。隆慶六年，革海鹽澉浦，只留乍浦一關。至康熙二十三年，建海關於寧波府鎭海縣口址十五乍浦其一也。乍浦，爲通日本之要道。其原因，則由於明初以來，倭寇均在浙東，而尤甚於乍浦一帶。而清初入口最多之銅斤，又均由此入口。考乍浦之繁盛，尙居上海之先，如乾隆時，廣東糖艘均由此入口。至道光時，始至上海收口。乍浦備志徐序謂：「乍浦自明倭警後，居民僅百餘，康熙弛海禁以後生齒日多，閩、粵、甌、越諸商賈，雁戶雲集，高檣邃宇，鱗次櫛比，市中魚鹽蜃蛤，海物塡委，犀象香珠之屬，自遠而至。」又謂：「地雖一隅，與明州滬瀆，屼然鼎峙，爲東南重鎭。」可知其盛矣。

清代五口通商以前，雖有四海關之設，以廣州、明州、泉州、上海爲規定之通商口岸，然自乾隆二十四年後，江、浙、閩各海關，卽不許貿易定制，所有番商歸併廣東一港，每年夏秋由虎門入口，卽實際上僅開放粵東一處。故清代五口通商以前之口岸，實僅廣東一港，爲較盛也。

茲將歷代置有市舶司之通商口岸，列表於下：

市舶司所在地	今地名	唐	宋	元	明	清（五口通商以前）
廣州	廣州	開元時已置市舶	太祖開寶四年置	仍宋舊	洪武初置	康熙二十三年置粵海關

杭州（臨安）	杭州	咸平二年置孝宗隆興時分建之一	仍宋之舊至元三十年併入稅務			
明州（慶元）	寧波		眞宗咸平二年置	太祖至元十四年置	洪武初置	康熙二十三年置浙海關
泉州	厦門	唐時中西通商地之一	哲宗元祐二年置	太祖至元十四年置	洪武初置	康熙二十三年置閩海關
密州	膠州		神宗熙寧中置哲宗元祐三年置			
温州	温州		孝宗隆興時分建之一	置年無考至元三十年併入慶元		
秀州	松江		孝宗隆興時分建之一			
江陰軍	常州屬江陰		高宗紹興十五年置			
上海	上海			至元十四年置大德二年併入慶元		康熙二十三年置江海關

澉浦	海鹽			至元十四年置大德二年時併入慶元		
太倉黃渡鎮	太倉				洪武元年置三年廢	
交趾	安南				成祖永樂六年置	
雲屯	雲南				成祖永樂六年置	
揚州	揚州	大食波斯人貿易地				
乍浦	乍浦				明嘉靖三十六年設爲海上三關之一	

㊀晉殷臣奇布賦，「唯太康二年，安南將軍廣州牧，……餞向大秦國奉獻珍來。」

㊁後漢書西南夷傳：「夷人冬則避寒入蜀爲傭，夏則避暑返其邑。」

㊂ 唐會要卷八九第一頁，李襲譽語。

㊃ 太平廣記卷四〇二，李勉條：「有波斯胡老諸勉曰，異鄉子，……思歸江都，……我商販於此，已逾二十年。」又卷四〇二，守船者條，又卷四〇三紫靺鞨條，「洪州江淮之間，一都會也。……有波斯胡人」又卷四〇六李灌條，其他尚多。

㊄ 澳門紀略，官守篇，謂：「賈番充斥揚粵間，唐因置市舶使以帥臣兼領之」似揚粵均有市舶使。

㊅ 日本木宮泰彥著日支交通史第八頁，謂：「考兩浙市舶司之沿革，宋高宗初時，置市舶司於秀州華亭縣，統轄杭州明州溫州、秀州、江陰軍五市舶務」可知宋代秀州之市舶，在華亭一帶，爲不誤。此上海縣志之所以謂宋時，卽有市舶也。

㊆ 史書載太倉黃渡，二者並提，有謂係一市者，有謂係二市者。據野獲編卷十二，戶部，所載，謂太祖初定天下，於直隸太倉州黃渡鎭，設市舶司，是黃渡之屬於太倉州，所謂太倉黃渡者，卽係一地，甚爲明顯。

第六章　輸出入之物品

第一節　出口商品

吾國古代之對外貿易出口方面，自昔卽以縑帛爲最多。漢時，匈奴卽好繒絮食物，常來購買㈠一端之縵，可易累金之物，㈡而西域之安息大秦，亦均有漢繒綵之輸入，㈢大秦常利得中國縑素，解以爲胡綾紺紋。㈣唐時，突厥回紇馬匹入口之代價，且均以絹匹付之，約馬一匹換絹四十匹（每匹四丈）出口甚多。蓋自乾元以後，屢遣使與回紇和市繒帛。如貞元六年，賜馬價絹三十萬匹，穆宗二年二月，賜回紇馬價絹五萬匹。三月，又賜馬價絹七萬匹。又太和元年，命中使以絹二十萬匹付鴻臚寺宣賜迴鶻，充馬價，綜計每次出口，均以二三十萬匹計。黨項互市，遠近商賈，亦以雜繒諸貨貿其馬牛。㈤而是時，波斯等國，亦汎舶至廣州，取綾絹絲綿之類，㈥蓋絲品自古卽爲吾國之特產。歷代帝王，對於外夷之朝貢，率多以繒帛賞賚之，以是繒帛名聞於外洋最早，而外洋亦樂用中國繒帛，而購買之也。宋代與大食南洋諸國之貿易，除金銀緡錢外，多以帛市香藥犀象珊瑚等物。大理交趾諸國，亦日以名香犀象金銀鹽錢，與中國商人易綾綿羅布，而中國富商，亦每歲自蜀販錦至欽州，以與交人博易貨物。而杭明廣各州規定亦止許以綿帛錦綺瓷漆之屬博易外洋貨品。唯元代貿易，絲綿與金銀銅錢，同爲禁品。大德七年（一三〇三）禁諸人勿以金銀絲綿等物下番。至大二年（一三〇九），又禁金銀銅錢絲緜布帛下海，以是此時輸出頗減，僅對於朝貢者，略有賞賜而已。明時，馬市，韃靼等國，亦以絹匹付價，定直四等。上等直絹八，布一二；次半之，下二等各以一遞減。清初出口貨內，絲觔紬緞爲最多。順治十年（一六五三），曾許琉球購置絲絹。乾隆二十四年（一七五九），雖曾有絲觔出洋之禁令，然至二十五年（一七六〇）時，又以絲觔須採辦洋銅，復准銅船帶紬緞出洋，蓋向例，採買洋銅，係以紬緞絲觔並糖藥等物易之。禁絲出洋，銅之入口，亦受影響。故又如日本採銅船，每船配搭紬緞三十三捲，分裝十六船，共五二八捲，每捲計重一二〇觔，共六萬三千三百十六觔，以作一部份之購銅本銀。二十七年（一七六二）英吉利瑞連諸國，亦弛絲禁，仿二十五年日本辦銅商船成例，每船配買土絲五千觔，二蠶湖絲三千觔，頭蠶湖絲紬綾緞匹仍禁。二十八年（一七六三），琉球亦照英吉利成例，歲買土絲五千觔，二蠶湖絲三千觔同時又准噶喇吧等商人配買絲經紬緞，每船配帶土絲一千觔，二蠶湖絲六百觔，紬緞八扣折算。同時又定江、浙、閩、廣各省商船配絲數目定例如下：

（甲）往東洋船十六艘，每艘准配二三蠶糙絲一千二百觔，按照紬緞舊額，每一百二十觔抵綢緞一捲扣算，願仍舊帶綢緞者聽，非辦銅船，不許帶。

（乙）由江蘇往閩粵安南等處商船，每船攜帶糙絲，以三百觔爲限。

（丙）閩浙二省商船，每船准帶土絲一千觔，二蠶麤絲一千觔，綢緞紗羅及絲綿，照舊禁止。

（丁）粵省外洋商船，每船於舊准帶絲八千觔外，准加帶麤絲二千觔，連尺頭總以一萬觔爲率。

絲爲外洋之所需，爲吾國特產之原料品，出口最多，五口通商以後，常占輸出品之第一位。近年來，雖以日絲之競爭，漸趨減少，然在吾國貿易上占重要之地位。自古已然，無可諱也。

此外如茶鐵皮毛磁器砂糖樟腦大黃，亦爲出口中之主要物品，茶之輸出，由海船者，雖多，然在淸代以前，實以西北方面爲最大銷場。故有所謂「茶馬交換政策」者，茶馬交市盛於宋明兩代。宋初，尚聽人民自由販買。熙寧以後，始漸採獨占主義，於秦州鳳州燕河等地，置茶馬司，以管理茶馬之交易。明代，西夷有茶市，亦以茶馬司爲唯一之交換機關。其時內地茶之出產，有官茶、商茶、貢茶之名。官茶，即所以貯邊易馬㊆，即用以輸出國外者，以是開海禁以前，茶之陸路出口，以此二代爲最盛。唯唐時，對於吐番之輸出，茶亦爲主要貨物之一。李肇唐國史補卷下，載常魯公使西番，烹茶帳中，吐番王贊普曰，我此亦有，遂命出之，以指曰，此壽州者，此舒州者，此顧渚者，此蘄門者，此昌明者，此灉湖者，可知輸往茶類之多。至於宋代與北方之貿易，如契丹金等，輸出品中，尤以茶爲特別發展，金史食貨志四茶部，載泰和五年，尚書省奏，茶比歲上下競啜，農民尤甚，商旅多以絲絹易茶，歲費不下百萬，其時茶價，（即輸出售價）每袋值銀二兩，（金宣宗元光二年，省臣奏國蹙財竭，今河南陝西五十餘郡，郡日食茶率二十袋，每袋值銀二兩，是一歲之中，妄費民銀三十餘萬也。）又宋史食貨志，謂太平興國二年，令鎮易雄霸滄州，各置榷貨務，輦香藥犀象及茶與貿易。淸初，西北方面，亦有大宗輸出，有五茶馬司之設。順治時，陝西以茶易馬之例，上馬給茶一二篦，每篦一〇斤，合計百二十斤。中馬給茶九篦，九十斤。下馬給茶七篦，七十斤。順治十八年（一六六一）時，達賴喇嘛及干都台吉於北京勝州互市，亦以馬易茶。至於海路茶斤之出口，每歲有四五十萬之多，與大黃同爲出口品中之占重要位置者。其時西洋各國市大黃於粵，每國限以五百斤，而沿邊督臣章奏，常有禁絕茶葉大黃，可以制外夷之命等語。澳門月報，亦載貿易中貨物之利於人並利於稅餉者，舍茶葉外，無勝於此者。㊇美國商船之初次來華，（乾隆四九年西曆一七八四）亦係購茶目的。中俄締結恰克圖條約以後，茶之出口往俄者極多，可知其重要矣。

故吾國通商以前，歷朝出口品中，以絲茶兩項爲最盛。茶以陸路出口爲最多，絲則占海路出口之大宗。二者出口之多，其主要原因，一方面固由於吾國此種特產之久享盛名，爲外人所樂用；一方面亦由於歷朝禁止銅錢出口之影響，使絲茶物品，得作爲貨幣性質行使。㊈如唐玄宗開元二年（七一三），令金錢不得與諸番互市。德宗建中元年（七八〇），令銀銅奴婢等，不得與諸番互市。眞元初（七八五），又禁行人以一錢出駱谷散關（陝西）。宋南渡後，金銀銅錫幣之出境，法禁亦嚴，元時亦常禁金銀錢下番互市禁錢出口，於是本國出產甚多之絲茶，遂常用以易番貨矣。

此外錦綾香藥茶碗文房用具，自宋初以來，即用大宗輸往日本者，當成尋入宋時，神宗曾詢以日本所需漢物，爲何種。成尋以上列物品對。[10]以是中國商人，投其需要而出輸之數，遂日有增加。明時，瓷器亦有多量之輸出。野獲編卷三十，載夷人市瓷器，謂於京師，見北館韃靼女眞天方諸夷。歸國時，以瓷器裝車高至三丈，多至數十車。清初，鹿皮白糖，亦有輸往台灣者。如康熙時，每歲台灣採買鹿皮九萬張，白糖二萬石，此出口物之大略情形也。

清初二百年間，往西南洋方面之出口品，亦以茶葉、生絲、絲貨、南京布、（紫花布）糖，爲最多。據東印度公司之統計[11]一八三二年時，（道光十二年，即南京條約之前十年）由廣東出口之總價值，爲二一二五八、一九八元。其中以茶葉爲最多，占一五二四一、七一一二元。生絲次之，值二一一三二、五五一元。絲貨又次之，值一四五八、三一五元。

第二節　入口之商品

沿海各州入口貨品，爲乳香、象犀、珠玉、香藥、指環、瑪瑙、貓兒眼睛、象笏、沉香、丁香、白豆蔻、胡椒之類。唐代西南洋諸國輸入中土者，以眞珠香料藥品象牙犀角爲最多。新唐書徐申傳謂：進嶺南節度使，外蕃歲以珠瑇瑁香文犀浮海至。又韓愈送鄭尙書序，謂外國之貨自至珠香象犀玳瑁奇物，溢於中國，不可勝用。至宋時，入口貨則以乳香爲最盛，茶鹽礬之外，乳香之爲利，最博。以官爲市，打套給賣，神宗熙寧十一年（一〇七七）時，杭明廣三州市舶司所收乳香三十五萬四千四百九十八斤。高宗建炎四年（一一三〇），泉州抽買乳香十三等八萬六千七百八十觔有奇。建炎六年（一一三二）福建市舶司言，大食番客所販乳香，值三十萬緡，廣州且有香藥庫使之置，⑪可知爲數之巨矣。沉香入口，有廣東香，自占城眞臘舶上而來，有廣古香，產海北，即欽香。有海南香品最上。交趾香之入口者，亦多。每歲中國販蜀錦之富商，至欽州易香者。每博易動輒數千緡，以上係西南洋之入口貨。東洋方面，由日本而來者，有沙金水銀綿絹布板木硫黃螺鈿琥珀水晶扇念珠日本刀等。⑫宋時以板木硫黃爲最多，如吳潛之奏狀，謂倭商每歲大項博易，惟板木及硫黃，頗爲國計之助，此項倭板硫黃，多其國主貴臣之物。又開慶四明續志卷八蠲免抽博倭金條，謂倭人冒鯨波之險，舳艫相銜，以其物來售，市舶務實司之。然藉抽博之入，以裨國計，硫黃杉板而已。又趙汝适諸蕃志謂倭國多產杉木羅木，長至四十丈，經四五丈，土人解爲枋板，以巨艦搬至泉州貿易，可知二項輸入之不在少數。此外金子水銀等，亦有極少數之輸入。宋時工藝美術品輸入頗多。四明志卷六市舶條，載有日本入口貨物一表，錄之於下：

（一）細色　金子　砂金　珠子　藥珠　水銀　鹿茸　茯苓

（二）麤色　硫黃　螺豆　合蕈　松板　杉板　羅板

清初乳香似已不占重要位置。而入口貨中之占大宗者，厥爲米及銅。考米之入口，於明季泉州方面，即已甚多。明陳懋仁泉南雜志卷下，謂丙午旱魃爲災，有勸減價平糴者，陳白府曰，「泉地藉以裕地方者，全在海商之米，若一減價，商必走他。」而萬曆之陸餉稅率表內，亦有蕃米入口稅。又萬曆四十五年，督餉通判王起宗呈詳番舶載米回港，徵稅如西國例，其時每舶載米二三百石或五六百石不等，均可爲米入口之證。清時於米之入口，獎勵尤甚。蓋米爲民食之本，江浙各省，人口繁殖，供給不多，而暹羅米價甚低，故清廷爲救濟災荒，平準米價計，對於米之輸入，特別提倡獎勵之法，第一爲免稅，如康熙六十一年（一七二二）以暹羅運米三十萬石至福建等省，特免徵稅。雍正六年（一七二八），准暹羅商人運載米石在廈門發賣者，免其納稅，並著爲例。乾隆七年（一七四二），暹羅商船一載米四千三百餘石，又一船載米三千八百餘石，特免貨品十分之三。八年（一七四三），又定外洋帶米商船免貨稅之例。自本年始，定例外洋船來閩粵等省，貿易帶米數量在：

一〇、〇〇〇石以上者	免貨稅銀十分之五
五、〇〇〇石以上者	免貨稅銀十分之三

次之，則爲給官獎勵，如乾隆三十九年（一七七四）定例，凡內地商民赴暹羅等國運米回閩，數目在：

一、五〇〇——二、〇〇〇石	給九品頂戴
二、〇〇〇——四、〇〇〇石	給八品頂戴
四、〇〇〇——六、〇〇〇石	給七品頂戴
六、〇〇〇——一〇、〇〇〇石	給把總職銜

未加至把總者，照米數加，至把總者，另給獎賞，同時，復用勸導之方法。如乾隆二年（一七三七）諭往南洋各船回櫂時，多載米，其定例如下

	（大船帶米數）	（中船帶米數）
（一）往暹羅者	三〇〇石	二〇〇石
（二）往噶喇吧者	二五〇石	二〇〇石
（三）往呂宋柬埔寨馬辰柔佛者	二〇〇石	一〇〇石
（四）往石埗仔六崑安南宋腒勝蘇祿等國者		一〇〇石

獎勵及勸諭之結果，當有大宗穀米之輸入。考外米來華後，按市價發糶，若民間米多，則由官收貯作兵糧或補常平社倉。故米糧入口，需要繼續，未見停滯。而於國內市場物價，亦未有何等大影響也。

次於米者，爲銅。銅之用途，多爲鼓鑄錢幣。最大之來源，則爲日本，其實前代亦有銅之入口，多由高麗來，六帖載高麗地產銀銅。周世宗時，遣尚書水部員外韓彥卿以帛數千疋市銅於高麗，以鑄錢。

考明末清初銅斤入口，地點多在乍浦。康熙三十五年時，以日本銅斤，足佐中土鑄錢之用，發給帑銀，俾官商設局備船由乍浦出口，放洋採辦。（浙江通志謂康熙三十五年，用庫銀二十萬兩，採辦紅銅倭鉛，對搭鼓鑄，後以爲常。）後又設官民二局，每局各有三船，每歲夏至後，六船裝載閩廣糖貨及倭人所需中土雜物放洋。九月中，裝載銅斤海味回乍。小雪後，大雪前。又放洋。次年四五月回國，計一年運銅兩次，官辦銅斤，共以一百二十萬斤爲額，每次各船，分載十萬觔，即每年辦一百二十萬斤，由乍浦入口，又各船須浮載一二十萬斤，以備補數目之缺額。乾隆時，商人往日本易銅回棹，分解各省，以資鼓鑄者，更多。每年共辦銅二百萬觔，所需銅本銀，三十八萬四千餘兩，專往日本運銅之船，增至十六艘，可謂盛矣。

此外由乍浦入口者，尙有木料糖洋貨等類，據鄒氏乍浦備志所載：謂逐年進口，大約木當五分之二，糖及局商所帶洋貨，占五分之一，其餘南來雜貨，占五分之二。入口後，通行杭嘉湖及江南諸郡。乾嘉時，廣東糖約占三分之二。道光時，已漸至上海收口。

淸初由廣東入口者。西洋貨，則有毛織物、棉貨，五金皮類。以毛織物爲最多，五金棉貨次之。東方貨物之入口者，爲棉貨鴉牙、檀香木、錫、胡椒之類，多屬印度南洋出產，由英美各國轉販而來者。據東印度公司之統計㊃ 一八三二年（道光十二年）入口貨內西洋產者，總數值五百六十九萬三千六百四十元。其中毛織物占三百餘萬元，大多由英國而來，五金入口，約值百九十餘萬元，多由美國而來。東方產者，總值二千一百六十萬七千七百七十七元，以鴉片爲最多，占一千四百一十萬九千六百元，棉花次之，價五百四十七萬餘元。

清初由俄國輸入之物品，以皮毛爲大宗，產於西伯利亞，由俄政府專賣，中國爲其最大銷場。

另有所謂復出口貨品者，卽由海南泉廣各地所抽解之物品，復於西北一帶之榷場出口，以售之北地夷人。如香藥犀象均由西南洋而來，而以北邊各國爲最大銷場。宋太平興國二年令輦香藥犀象與金交易，熙寧八年市易司請假奉宸庫象珠，總值二十萬，於榷場貿易，均其例中之最顯著者也。

㊀ 史記匈奴傳：「中行說降匈奴單于，……初，匈奴好漢繒絮食物。」

㊁ 桓寬鹽鐵論，力耕第二，第六頁。

(三) 後漢書西域傳：「大秦王欲通使於漢，而安息欲以漢繒綵與之交市，故遮閡不得自達。」

(四) 文獻通考四裔考，卷十六。

(五) 唐會要，卷九十八。

(六) 慧超往五天竺國傳波斯國條。

(七) 明史食貨志，茶法。

(八) 海國圖志，卷八十一，第八頁。

(九) 加藤繁著唐宋時代之金銀研究上卷，第一二九頁。謂唐代多以繒帛絹疋作貨幣，行使付物價，其中舉例甚多。

(十) 木宮泰彥日支交通史，第三九四頁。

(十一) Morse: East India Company Trading to China, Vol. IV p. 340.

(十二) 宋史，張遜傳遜遷香藥庫使。

(十三) 宋時，汴京之相國寺，於每月開市五次，專爲商旅交易而設。內中有賣日本扇者。皇朝類苑，卷六十。風俗雜誌載：「熙寧末，余遊相國寺見賣日本國扇者，甚精美畫亦佳。」日本刀之輸入，亦多。歐陽修有日本刀歌，其中有「寶刀出自日本國，越賈得之滄海東，」之句。（歐陽文忠公集卷十五）

(十四) Morse: East India Company Trading to China, Vol. IV. p. 339.